Metropoliet Anthony van Sourozh

DE WEG NAAR BINNEN
School van Gebed

DE WEG NAAR BINNEN

Metropoliet Anthony (Bloom) van Sourozh

Engelse titel: *School for Prayer*, Darton, Longman & Todd Ltd., Londen, 1970 [2nd edition, 1999].

Oorspronkelijke vertaling: Frans Berkelmans O.S.B.

Eerste Druk:

© 1972 B. Gottmer's Uitgeversbedrijf, Nijmegen

Volledig Herziene en Bewerkte Vertaling: Tweede Druk

© 2010, Stichting Orthodox Logos, Tilburg

ISBN: 978-1-80484-169-3

Niets uit deze uitgave mag worden vervelvoudigd en/of openbaar gemaakt door middel van druk, fotokopie, microfilm of op welke andere wijze ook zonder voorafgaande schriftelijke toestemming van de uitgever.

Metropoliet Anthony van Sourozh

DE WEG NAAR BINNEN
School van Gebed

Uitgeverij Orthodox Logos

INHOUD

Voorwoord	1
Verantwoording bij de heruitgave	8
1. De Afwezigheid van God	11
2. Kloppen aan de Deur	25
3. Naar Binnen Gaan	39
4. Het Beheren van Tijd	65
5. Het Aanroepen van God	81
6. Twee Overwegingen voor gebed	90
De Moeder Gods	91
Starets Silouan	95
Nawoord	99
Gesprek met de schrijver	101
Appendices	119
Biografische schets	121
Selecte Lijst	123
Beknopte Bibliografie	127
Index	135
Notes	139

VOORWOORD

Aartspriester Sergei Ovsiannikov

De huidige wereld ziet er als volgt uit: als we vandaag de dag iets kopen krijgen wij er twee pagina's tekst bij, namelijk de gebruiksaanwijzing en het garantiebewijs. Er bestaat waarschijnlijk maar één uitzondering en dat is het mensenleven zelf: dat wordt ons gegeven zonder gebruiksaanwijzing en zonder garantiebewijs. We weten niet hoeveel tijd van leven ons is gegeven en vaak weten we niet waarom ons bepaalde talenten zijn gegeven. We weten niet wat de zin van ons leven is, we kennen onze eigen "gebruiksaanwijzing" niet. Hoe kun je leren om jezelf te zijn en niet iemand anders te imiteren, niet het leven van een ander te willen nadoen? En hoe kun je leren om met jezelf te leven als je jezelf niet liefhebt?

Wij zijn steeds op zoek. Op deze zoektocht kunnen we onszelf de vraag stellen: waarom is mij dit leven gegeven? Door die vraag te stellen zijn we al half op weg naar het gebed en richten we ons tot de onbekende God, Die wij slechts een klein beetje kennen: waarom heeft U mij dit leven gegeven?

Dit boek is een soort reisgids voor het gebed. Niet het gebed zoals we dat ons in het algemeen voorstellen (een gezin dat netjes aan de eettafel zit en het hoofd van het gezin dat eerbiedig een tekst uitspreekt), maar het gebed waarin je je vanuit het diepst van je ziel tot God richt. Die weg is helemaal niet zo eenvoudig als het lijkt, zo van: je wilt het, je staat op en je gaat. Je hebt immers alleen al kracht nodig om op te staan en die kracht heb je lang niet altijd; en om te gaan moet je op z'n minst weten waarheen, in welke richting je moet gaan bewegen. En de weg die je moet gaan is van tevoren juist onbekend.

Metropoliet Anthony (verder MA) zegt dat je via jezelf moet gaan en dan verder naar de ander in jezelf die je nog niet kent. Hij waarschuwt ook dat die weg gevaarlijk kan zijn.

Inderdaad, waarom denken we eigenlijk dat we ons iedere keer zomaar tot God kunnen richten wanneer wij dat nodig hebben? Waarom denken we dat God iedere keer moet antwoorden op onze vragen wanneer wij ons tot Hem richten? "Het gebed is een ontmoeting, het is een diepgaande relatie, waar we noch onszelf, noch God, met geweld toe moeten dwingen", zo zegt MA. Wij gaan ervan uit dat we met God kunnen omgaan zoals met onze huispoes. Nee, zegt MA, God is eerder een leeuw dan een lief poesje. Een ontmoeting met God kan gevaarlijk zijn.

Het gebed begint ermee dat de mens zich naar binnen keert, dat wil zeggen dat hij een ontmoeting aangaat met zichzelf. "Het gebed moet gericht zijn op jezelf", zegt MA. Maar een ontmoeting met jezelf kan ook gevaarlijk zijn. Niets lijkt eenvoudiger: beginnen met jezelf, alleen zijn met jezelf, al was het maar voor enkele minuten per dag! Maar daar schuilt ook het gevaar in: hoe weten we wat we tegen zullen komen, wat we zullen ontdekken, welk "zelf" we zullen ontdekken bij die ontmoeting? Een dergelijke ervaring lijkt immers op een poging om in de spiegel te kijken, die – wat een wonderbaarlijke spiegel zou dat zijn – niet de mens weerspiegelt die we willen zijn of lijken, die we willen spelen, die weerspiegelt hoe we graag willen dat andere mensen ons zien. Nee, in die spiegel zien we de persoon die we willen verbergen en die we nooit aan God, noch aan de mensen, noch aan onszelf willen laten zien. Is dat niet gevaarlijk? Het zou kunnen zijn dat uit die spiegel een wolf op ons afspringt en geen mens. Of, misschien nog erger, je ziet alleen maar leegte.

Er bestaat een film van de bekende Russische regisseur Andrei Tarkovski, genaamd "Stalker". In de film is een stalker iemand die mensen begeleidt, die het op zich neemt om zelf de Zone in te gaan en daar zelfs mensen doorheen te leiden. En de Zone is een soort gebied, een ontzagwekkend grote "vlek", een spoor dat is achtergelaten door een buitenaardse civilisatie, het is een heel gevaarlijke plek, waarvandaan al veel mensen niet zijn teruggekeerd. Er komen daar mensen om. Maar om de een of andere reden blijven er maar mensen komen die daarheen willen en gaan ze er nog steeds heen. Dat komt omdat er ergens in het midden van de Zone een "geheime kamer" is, waar alle geheime wensen van mensen worden vervuld. Er is alleen één klein probleem: niet de wens die jij in gedachten had wordt vervuld, maar vervuld wordt een wens die diep in je hart zit, het meest verborgen en het meest gewenst, een wens die je niet eens zelf kunt formuleren. De held van de film, de stalker, herinnert zich zo'n geval. Op een keer bereikte een van de meer ervaren stalkers deze kamer, maar onderweg ernaartoe kwam zijn broer in de Zone om het leven. Toen hij bij de kamer kwam, vroeg hij de "kamer van de wensen" of zijn broer weer tot leven gewekt kon worden, hij bad erom! Maar toen hij terugkwam, bleek dat zijn broer nog steeds dood was. Maar die stalker zelf werd ontzaglijk rijk. Zo ging zijn meest geheime wens in vervulling. Een week na deze reis verhing deze stalker zichzelf.

Kunnen we dus zeggen dat we onze meest diepe, geheime wensen kennen? Weten we wat het resultaat is van ons gebed? Schuilt er in het gebed dus geen gevaar?...Het gebed is een ontmoeting, zegt MA, maar een ontmoeting met God is altijd gevaarlijk.

Net zo gevaarlijk is een ontmoeting met jezelf. De eerste gevoelens die immers bij jezelf naar boven komen zijn helemaal niet nobel. Dat kunnen gevoelens en uitingen zijn van toorn, agressie, depressie, uitzichtloosheid, moedeloosheid, die wij op een agressieve manier op anderen afreageren. Het gaat om nog veel meer andere gevoelens, waarmee de psychiatrie in de hedendaagse wereld zich bezighoudt, maar die vroeger in de christelijke literatuur de strijd met de hartstochten werd genoemd. MA: "God kan niet tot ons komen, omdat wij er niet zijn om Hem te ontvangen; wij willen iets van Hem ontvangen, maar geenszins Hem Zelf ontvangen".

MA noemde zijn boek "gesprekken voor beginners op de weg van het gebed". Het gebed is een weg, die de mens moet gaan. De mens heeft één bepaalde dimensie, de innerlijke diepte, die ieder mens uniek maakt. De auteur stuurt ons die diepte in. Hij zegt: "Eén van de problemen is: Waarheen richt ik mijn gebed? En ik heb voorgesteld: richt het op jezelf." Probeer jezelf te zijn, speel niet een bepaalde rol, probeer alleen met jezelf te zijn, al is het maar voor heel even en je zult begrijpen hoe moeilijk dat is! Het is niet toevallig dat veel van de moderne technologie gericht is op een simpele taak, namelijk de mens te bevrijden van de noodzaak om één op één met zichzelf te zijn. Dat kunnen we verstrooiing noemen of computerspelletjes of zelfs cultuur, maar in wezen is het allemaal hetzelfde: de mens wordt bevrijd van het gevaar alleen te zijn en met zichzelf. "We worden fictieve wezens, substituten, en met zo'n onechte persoonlijkheid kan God niets beginnen". De weg naar God leidt via jezelf, en dan verder naar de ander in jezelf, naar de "nieuwe mens".

Dus laten we op weg gaan! De weg wordt gerekend in dagen. Want het belangrijkste is dat we deze dag beleven als het grootste geschenk van God! Hoe moet dat? Laten we in de reisgids kijken.

Ten eerste. "Als je 's ochtends wakker wordt, is het eerste wat je doet God daarvoor danken, zelfs als je niet zo'n zin hebt in de dag die voor je ligt: Dit is de dag die God gemaakt heeft: verheugt u en weest blij over deze dag! (zie Psalm 117:24)."

Ten tweede. "Als dat gedaan is, geef jezelf dan de tijd om de waarheid van hetgeen je net hebt gezegd onder ogen te zien en tot je door te laten dringen." Dat wil zeggen, deze dag is niet een kalenderbegrip, maar een hele wereld, die juist aan jou vandaag gegeven is.

Ten derde. "Daarna sta je op, ga je je wassen, opruimen, doe je alle dingen die je gewoon bent te doen en keer je daarna terug bij God". Hier kunnen wij mee instemmen: de eerste aanraking van de mens moet die met water zijn. Water reinigt en herinnert aan de Doop.

Ten vierde. "Richt je opnieuw tot Hem met een tweevoudige overtuiging, namelijk dat jij van God bent en dat deze dag ook van God is, Hem ook toebehoort, en dat deze dag volledig nieuw is, volledig onaangeroerd. Die dag is er nog nooit geweest". Maar die nieuwheid, die ongereptheid van de nieuwe dag, die MA vergelijkt met een besneeuwde helling waar nog geen mens in gelopen heeft, die zijn wij lang niet altijd in staat te voelen.

Ten vijfde. "Vervolgens vraag je God deze dag te zegenen, dat Hij alles op deze dag Zelf zegent en bestiert". Net als in het gebed: "Uw wil geschiede, gelijk in de hemel als ook op aarde".

Ten zesde. "Zo rust de Goddelijke zegen op die dag en is het een dag van God Zelf; laten we de dag nu ingaan. Je betreedt de beginnende dag als een persoonlijke gezant van God. Wie je ook zult ontmoeten die dag, ontmoet hem alsof God Zelf hem tegemoet treedt. Je bent in deze dag geplaatst om de aanwezigheid van de Heer te zijn, de aanwezigheid van Christus, de aanwezigheid van de Heilige Geest, de aanwezigheid van het Evangelie: dat is je functie op deze dag". Je wilt meteen uitroepen: Is dat dan mogelijk?!

Ten zevende. Over de zevende stap zegt MA niets. Waarom? Ik denk dat dat komt omdat dan de avond komt, waarmee ook de herinnering aan de dagen van de schepping bovenkomt. Het was avond, het was morgen, en het was de dag waarop God zag dat "alles goed was".

Je zou overigens het hele zevende hoofdstuk "Hoe om te gaan met de tijd" de zevende stap kunnen noemen. MA: "Ik denk dat we moeten oefenen hoe we de tijd kunnen stilzetten, hoe we kunnen stilstaan in het heden, in dat "nu", dat mijn heden is en dat ook een korte inbreuk van de eeuwigheid op de tijd is". Verder geeft hij een zeer eenvoudig advies hoe je precies kunt oefenen om de tijd te laten stilstaan.

De reisgids eindigt met een advies over hoe we God kunnen noemen, dat wil zeggen met welke naam we de onvergelijkelijkheid van God en van de mens kunnen uitdrukken. Hij waarschuwt ook: "In je zoektocht zul je pijn ervaren, verdriet, hoop en verwachting, het hele scala aan menselijke emoties. God zal gewenst zijn, maar zal ook voor teleurstelling zorgen; Hij zal degene zijn naar wie je verlangt, degene die je zult haten, omdat Hij je ontglipt; degene die je meer dan alles op aarde lief zult hebben, zonder wie je niet kunt leven en die je niet kunt vergeven omdat Hij niet reageert; en nog veel meer".

Ik wil erop wijzen dat dit een reisgids voor beginners is. Hij bevat geen beschrijving van alle mogelijke wegen en alle hindernissen en gevaren op onze weg. Maar over het algemeen lijken alle wegen in het begin op elkaar. Daarom raad ik deze reisgids iedereen van harte aan.

...

Dit boek kreeg ik voor het eerst in handen in 1974. Dat was nog in de tijd van de Sovjet-Unie, waar alle religieuze literatuur verboden was. Dergelijke boeken (en zelfs de Bijbel) werden dan ook ondergronds verspreid, via de zogenaamde 'samizdat'. Dat kwam er simpel gezegd op neer dat boeken werden overgetypt met een schrijfmachine met een aantal doorslagen, en vaak kreeg je dan een vijfde of zesde doorslag die nauwelijks te lezen was.

Dit boek is voor mij daadwerkelijk een reisgids geworden, die in veel opzichten mijn levensweg heeft bepaald. Op die weg heb ik moeten leren omgaan met mijn ambities, met mijn twijfels, met mijn geloof. Jaren later heb ik op die weg MA persoonlijk ontmoet. Hij heeft mij in 1990 tot priester gewijd en mij naar Nederland gestuurd om hier te dienen. Sindsdien ben ik priester in de Russisch-Orthodoxe Parochie van de Heilige Nikolaas van Myra in Amsterdam.

VERANTWOORDING BIJ DE HERUITGAVE

Hierbij wordt het boekje *De Weg naar Binnen* opnieuw aan het Nederlandstalige publiek aangeboden. Sinds de eerste Engelse uitgave in 1970 [Ned.: 1972] heeft dit werkje van de Russische Metropoliet Anthony (Bloom) van Sourozh (zie voor informatie over de schrijver en zijn werken de *Biografische Schets* en de *Selecte lijst van werken* aan het eind van deze uitgave) niets aan zeggingskracht en actualiteit ingeboet. Integendeel, steeds meer mensen zijn sinds die jaren '70 in contact gekomen met de geestelijke wereld van de Russische Orthodoxie, zijn er door geboeid geraakt en willen graag geïnformeerd worden uit de eerste hand.

De verwachting is dat met een heruitgave de belangstelling mogelijk nog zal toenemen; menig lezer die nog geen kennis heeft genomen van het onderwerp zal verbaasd zijn over de algemene toegankelijkheid van het aan de orde gestelde gebedsleven, zoals dat gepraktiseerd wordt in het Orthodoxe Christendom, en over de heldere en bevattelijke wijze waarop Metropoliet Anthony dit onderwerp ontvouwt en aanbeveelt.

Iedere geïnteresseerde zal door dit waardevolle boekje

geïnspireerd en aangewakkerd worden om zijn persoonlijk gebedsleven aan te laten vangen. Verdere eigen inspanningen en ervaringen, en passende geestelijke literatuur (zie *Beknopte Bibliografie uit de Russische geestelijke literatuur*), en vooral de zoektocht naar een geestelijk vader, zullen vanzelf voor een vervolg van deze *Weg naar Binnen* zorgdragen.

Het boekje werd grondig gereviseerd en opnieuw met de originele Engelse versie (*School for Prayer*, 1ste ed., London, 1970; reprint ed. 1999) vergeleken. Daarbij is de goed bij de inhoud passende titel *De Weg naar Binnen* gehandhaafd. Het nauw bij de Engelse titel aansluitende *School van Gebed* werd als ondertitel opgenomen, vanwege de samenhang met de andere boeken van de Metropoliet. Dit idee is ontleend aan de recente verzamelde uitgave in het Russisch onder deze titel *School van Gebed* (, Moskou, 2007).

Het thema, de beoefening van het gebed en de scholing daarin door een beproefd geestelijke, lag de auteur na aan het hart, hetgeen blijkt uit de andere boeken en lezingen over dit onderwerp, waaronder *Living Prayer* (Leven in Gebed), *Meditations on a heme* (Gebedsoverwegingen Rondom een Thema), *Courage to Pray* (Moed om te Bidden), *God and Man* (God en Mens). Verder werd de vertaling herzien en bewerkt op de volgende punten: hoofdstuktitels werden aangepast, de inrichting van de tekst werd scherper aange-houden (alinea's, gedachtenstreepjes, cursieve woorden, aanhalingstekens e.d.), de vertaling werd versoberd (veel uitbreidingen van de tekst weggehaald) en meer aangepast aan de heldere en beknopte stijl van de oorspronkelijke tekst, onjuistheden en fouten werden verbeterd; de persoons-vormen precies aangehouden ("je" en "we"), het persoonlijke "je" in plaats van "u" (het informele "you" volgend waar het kon, zie de opmerking van de schrijver hierover in Hoofdstuk 5).

Bijbelreferenties zijn in voetnoten aangegeven (die ontbreken vrijwel geheel in het origineel, maar zijn van dienst voor de niet in de Schrift ingewijde lezer) en zijn overzichtelijk in een Index ondergebracht (met thematische aanduiding).

Het inleidende *Gesprek met de schrijver* is in deze heruitgave als Nawoord opgenomen. Aansluitend is nog een *Selecte lijst van werken* toegevoegd, met het oog op de plaats van het voorliggende boekje binnen het omvangrijke oeuvre van de Metropoliet. Tevens wordt een *Beknopte Bibliografie* met een representatieve keuze uit de Russische geestelijke literatuur geboden, op de schouders waarvan Metropoliet Anthony stond en waaruit hij rijkelijk putte (vaak zonder expliciet deze bronnen te noemen). De lezer krijgt hiermee inzicht in de samenhang van de werken van de schrijver met de Russische traditie waaruit hij stamde en in thuishoorde.

🐦 I 🐦
DE AFWEZIGHEID VAN GOD

Wanneer we beginnen met te leren bidden, zou ik duidelijk willen stellen dat wat ik bedoel met 'te leren bidden' niet een poging is om het gebed op een speculatieve manier te rechtvaardigen of te verklaren. Veeleer zou ik uiteen willen zetten waar iemand op bedacht moet zijn en wat hij kan doen, als hij zou willen bidden. Ik ga ervan uit dat je nog aan het begin staat, zoals ikzelf ook maar een beginneling ben. Laten we dan proberen om samen op weg te gaan. Ik richt me niet tot degene die zich bezighoudt met het mystieke gebed of de hogere graden van volmaaktheid, want die dingen zullen zichzelf wel wijzen. Wanneer God tot ons doorbreekt en wij doorbreken tot God, dan is bidden geen probleem. Dit kan gebeuren in bepaalde uitzonderlijke omstandigheden, wanneer de dingen zich plotseling aan ons openbaren met een nooit tevoren ervaren diepte. Ook kunnen wij plotseling in onszelf een diepte ontdekken waar het gebed zijn bron heeft en waaruit het kan opwellen. Als we God bewust ervaren, dan staan wij voor Hem, aanbidden Hem, spreken tot Hem.

Bij het eerste begin is er eigenlijk maar één probleem, dat

heel belangrijk is: de situatie van degene voor wie God afwezig schijnt te zijn. Dit is waarover ik nu zou willen spreken. Natuurlijk heb ik het niet over een werkelijke afwezigheid – God is in werkelijkheid nooit afwezig – maar over het *gevoel* van afwezigheid dat wij hebben. Wij staan voor God en roepen in een lege hemel, waaruit geen antwoord komt. Wij keren ons in alle richtingen en Hij laat zich niet vinden. Wat te denken van deze situatie?

In de eerste plaats is het zeer belangrijk niet te vergeten dat bidden een ontmoeting is en een relatie. Het is een relatie die diep gaat, en deze relatie kan niet worden opgedrongen, noch aan God, noch aan ons. Het feit dat God Zich aan ons tegenwoordig kan stellen of ons met het gevoel van Zijn afwezigheid kan achterlaten, maakt deel uit van deze levende en werkelijke relatie. Als wij Hem door middel van een bepaalde techniek in een ontmoeting konden betrekken, Hem konden dwingen ons te ontmoeten, enkel en alleen omdat wij het tijdstip voor die ontmoeting gekozen hebben, dan zou er van een relatie en ontmoeting geen sprake zijn. Dat kunnen we doen met een afbeelding, met onze verbeelding, of met de verschillende afgoden die wij tegenover ons kunnen plaatsen ter vervanging van God; we kunnen iets dergelijks niet doen met de levende God, evenmin als we dat kunnen doen met een levende persoon. Een relatie kan alleen in wederzijdse vrijheid worden aangegaan en tot ontplooiing komen. Als men de relatie verstaat in termen van een *wederzijdse* verhouding, dan zal men zien dat God veel meer reden heeft om zich te beklagen over ons dan wij over Hem. Wij beklagen ons erover dat Hij Zich niet aan ons tegenwoordig stelt gedurende de weinige minuten die wij voor Hem reserveren. Maar wat te denken van de drieëntwintig-en-eenhalfuur dat God misschien bij ons op de deur klopt en wij antwoorden: 'Ik ben bezet, het spijt me'? Of misschien antwoorden we helemaal niet, omdat we zelfs niet horen dat er geklopt wordt op de deur van ons hart, van ons verstand, van ons geweten, van ons leven. Zo kan er een situatie zijn, waarin wij geen enkel recht hebben ons te beklagen over Gods afwezigheid, omdat wij heel wat meer afwezig zijn dan Hij ooit is.

Het tweede heel belangrijke punt is, dat een ontmoeting met God van aangezicht tot aangezicht voor ons altijd een moment van oordeel inhoudt. We kunnen God niet ontmoeten in gebed, overdenking of beschouwing zonder tegelijkertijd ofwel verlost, ofwel veroordeeld te worden. Niet dat wij daardoor meteen voor eeuwig verworpen zouden zijn of de eeuwige verlossing deelachtig worden, maar het houdt altijd een kritisch moment in, een crisis. 'Crisis' komt van het Grieks en betekent 'oordeel'. In gebed God van aangezicht tot aangezicht ontmoeten is een kritisch moment in ons leven, en laten we Hem danken dat Hij zich niet altijd aan ons tegenwoordig stelt als wij Hem wensen te ontmoeten, want we zouden wel eens niet in staat kunnen zijn zulk een ontmoeting te doorstaan. Denk maar aan de vele passages in de Schrift waarin ons wordt verteld hoe gevaarlijk het is om zich van aangezicht tot aangezicht tegenover God te bevinden[1]. Want God is kracht, God is waarheid, God is zuiverheid. Daarom moet, als we Gods aanwezigheid niet tastbaar ervaren, onze eerste gedachte een gedachte van dankbaarheid zijn. God is barmhartig: Hij komt niet op een ongelegen moment. Hij geeft ons de kans om onszelf te oordelen, te begrijpen, en te ontkomen aan Zijn tegenwoordigheid als dit onze veroordeling zou betekenen.

Ik zou dit graag met een voorbeeld willen verduidelijken. Vele jaren geleden kwam iemand mij opzoeken. Hij vroeg me of ik hem God wilde laten zien. Ik vertelde hem dat ik dat niet kon, maar ik voegde eraan toe dat zelfs al zou ik dat kunnen, hij niet in staat zou zijn om Hem te zien. Want ik dacht – en denk dat nog – om God te ontmoeten moet je met Hem iets gemeen hebben, iets dat je ogen geeft om te zien, een ontvankelijkheid om te kunnen ervaren. Hij vroeg me toen waarom ik dat dacht. Daarop stelde ik voor dat hij een ogenblik zou nadenken en mij zou vertellen of er in het Evangelie een passage voorkwam die hem bijzonder trof. Zo wilde ik zien wat het aanrakingspunt was tussen hem en God. 'Ja,' zei hij, 'in het achtste hoofdstuk van het Johannes Evangelie, dat verhaal over die overspelige vrouw'[2]. Ik zei: 'Goed, dat is een van de mooiste en meest ontroerende stukken. Denk dan nu nog even na en vraag jezelf eens af wie jij bent in het voorval dat hier beschreven wordt. Ben je de Heer, of sta je althans aan Zijn kant, doordat je Zijn medelijden en begrip voor die vrouw deelt, en ben je vervuld van vertrouwen in haar, dat zij echt berouw heeft en een ander mens zal worden? Of ben je de vrouw die op overspel is betrapt? Ben je één van de oudsten, die meteen wegliepen omdat zij zich bewust waren van hun eigen zonden, of één van de jongeren die talmden'. Hij dacht een paar minuten na en zei toen: 'Nee, voor mijn gevoel ben ik de enige jood die niet zou zijn weggegaan; ik zou die vrouw hebben willen stenigen.' Ik zei: 'Dank God dan dat Hij je niet toestaat Hem van aangezicht tot aangezicht te ontmoeten.'

Dit is misschien een extreem voorbeeld, maar hoe vaak zouden we niet soortgelijke situaties in onszelf kunnen herkennen? Niet dat wij botweg Gods woord of Gods voorbeeld afwijzen, maar wel doen wij op een minder gewelddadige manier wat de soldaten tijdens Jezus' Lijden deden. We zouden Christus' ogen wel willen bedekken om Hem openlijk slagen te kunnen toebrengen zonder gezien te worden. Doen we dat niet, tot op zekere hoogte, als we Gods aanwezigheid negeren en handelen volgens onze eigen verlangens en gevoelens, lijnrecht in strijd met alles wat de wil van God is? Wij proberen Hem blind te maken, maar in feite maken we onszelf blind. Hoe zouden we op zulke momenten in Zijn tegenwoordigheid kunnen verschijnen? Dat kan zeker, in berouw, met een vermorzeld hart; maar we kunnen niet verschijnen op de manier waarop wij onmiddellijk wensen te worden ontvangen - in liefde en in vriendschap.

Kijk eens naar de verschillende passages van het Evangelie. Mensen, veel groter dan wijzelf, aarzelden om Christus te aanvaarden. Denk maar eens aan de honderdman die Christus kwam vragen om zijn knecht te genezen[3]. 'Ik kom,' zei Christus. Maar de honderdman antwoordde: 'Nee, dat is niet nodig. U hoeft maar een woord te spreken en hij zal genezen.' Zeggen wij dat ook? Keren wij ons ook tot God met de woorden: 'U hoeft zich voor mij niet tastbaar, ervaarbaar tegenwoordig te stellen. Een woord van U is al genoeg om mij te genezen. Een woord van U is al genoeg om iets te *laten* gebeuren. Meer heb ik op het ogenblik niet nodig.' Of neem Petrus toen hij na de grote visvangst in zijn boot op de knieën viel en zei: 'Heer, ga weg van mij, want ik ben een zondaar'[4]. Hij vroeg de Heer zijn boot te verlaten omdat hij zich klein voelde - en hij voelde zich klein omdat hij plotseling de grootheid van Jezus had ervaren. Reageren wij ook wel eens zo? Als bij het lezen van het Evangelie het beeld van Christus onweerstaanbaar en glorieus wordt, als wij ons bij het bidden de grootheid en heiligheid van God bewust worden, zeggen wij dan ooit: 'Ik ben niet waard dat Hij naar mij toe komt'. En dan zwijgen we nog maar over al de gelegenheden waarbij we zouden moeten beseffen dat Hij niet naar ons toe kan komen omdat wij er niet zijn om Hem te ontvangen. Wij verlangen iets *van* Hem, maar naar *Hemzelf* verlangen wij helemaal niet. Is dat een persoonsverhouding? Gaan wij zo soms ook met onze vrienden om? Gaat het ons om wat de vriendschap ons kan *geven*, of is het de vriend zelf van wie wij houden? Geldt dit ook niet voor onze verhouding tot de Heer?

Laten we eens nagaan hoe wij ons gebed verrichten; dat geldt voor jouw gebed evengoed als dat van mij. Let eens op de warmte, de diepte en intensiteit van je gebed als het gaat over iemand van wie je houdt of over iets dat voor jou van belang is. Dan staat je hart geheel open, je diepste innerlijk wordt samengebracht in het gebed. Wil dat zeggen dat God zo belangrijk voor je is? Nee, dat betekent het niet. Het betekent eenvoudig dat hetgeen waarvoor je bidt belangrijk voor je is. Want als je vurig, diep en intens gebeden hebt voor de persoon van wie je houdt of de situatie die je zorgen baart, en je stapt daarna over op het volgende onderwerp van je gebed, iets dat niet zo belangrijk voor je is – als je gebed plotseling afkoelt, wat is er dan veranderd? Is God ineens koud geworden? Heeft Hij Zich teruggetrokken? Nee, het betekent dat al de geestdrift, al de intensiteit van je gebed niet voortkwam uit Gods aanwezigheid, uit je geloof in Hem, uit je verlangen naar Hem, uit je bewustzijn van Hem; het kwam enkel en alleen voort uit je betrokkenheid met hem of haar, je zorg voor dit of dat, en niet voor God. Hoe kunnen wij dan verbaasd zijn als deze afwezigheid van God voelbaar is? Wij zijn het zelf die afwezig zijn, wij zijn het zelf die afkoelen zodra wij God niet meer nodig hebben. Waarom? Omdat Hij ons niet zo heel erg interesseert.

Er zijn ook andere manieren waarop God 'afwezig' is. Zolang wij zelf waarachtig zijn, zolang wij waarlijk onszelf zijn, kan God aanwezig zijn en kan Hij iets met ons doen. Maar zodra wij proberen te zijn wat we niet zijn, dan blijft er niets over om te zeggen of te hebben; dan worden we een schijnfiguur, iemand die niet echt bestaat, en zoiets onwerkelijks kan door God niet benaderd worden.

Om te kunnen bidden moeten we in de situatie verkeren, welke omschreven wordt als het Koninkrijk Gods. We moeten erkennen dat Hij God is, dat Hij Koning is[5], we moeten ons aan Hem overgeven. Wij moeten ons op zijn minst op Zijn wil toeleggen, ook al zijn we nog niet in staat om die te volbrengen. Maar als we dat niet doen, als wij God behandelen zoals de rijke jongeling, die Christus niet kon volgen omdat hij te rijk was[6], hoe kunnen wij Hem dan ontmoeten? Zo vaak als wij iets door het gebed zouden willen verkrijgen, door de diepe verhouding met God waar wij naar verlangen, dan is dat gewoon een andere fase van geluk; we zijn er niet op voorbereid om alles wat we bezitten te verkopen om de kostbare parel te kunnen kopen. Hoe zouden we die kostbare parel dan ooit in ons bezit kunnen krijgen? En is het dat wat we verwachten te krijgen? Gaat het in menselijke verhoudingen niet evenzo: als een man of een vrouw liefde opvat voor iemand, dan doen andere mensen er niet meer zo toe. Om een bondige zegswijze uit de oude wereld te gebruiken: 'Als een man een bruid heeft gevonden, dan is hij niet langer omringd door mannen en vrouwen, maar door mensen.'

Zou het niet kunnen, ja - zou dát niet moeten gebeuren met betrekking tot al onze rijkdommen als wij ons tot God wenden? Zouden ze inderdaad niet bleek en vaal moeten worden, slechts een vage achtergrond waartegen de enige gestalte die er toe doet zich in scherp reliëf gaat aftekenen? Wij zouden al tevreden zijn met een streepje hemelsblauw in het algehele beeld van ons leven, waarin toch al zoveel donkere schaduwen zijn. God is bereid om er buiten te blijven, Hij is bereid om het geheel en al op zich te nemen als een kruis, maar Hij is niet bereid om gewoon maar een stukje van ons leven te zijn.

Als we zo nadenken over de afwezigheid van God, is het

dan niet de moeite waard onszelf af te vragen wie we daarvan beschuldigen? We geven altijd God de schuld, altijd beschuldigen wij Hem, ofwel recht in Zijn gezicht ofwel tegenover mensen, dat Hij afwezig is, dat Hij nooit aanwezig is als wij Hem nodig hebben, dat Hij nooit antwoordt als wij Hem iets vragen. Zo nu en dan zijn wij "godsvruchtiger" (natuurlijk tussen dubbele aanhalingstekens), en zeggen we devoot: 'God beproeft mijn geduld, mijn geloof, mijn nederigheid.' We vinden allerlei manieren om Gods oordeel over ons zo te wenden, dat het een nieuwe manier wordt om onszelf te prijzen. We zijn zó geduldig dat wij zelfs God weten te verdragen!

Is dit niet waar? Toen ik als jonge priester eens een preek gehouden had – een van de vele keren dat ik in een parochie heb gepreekt – kwam een jong meisje op mij af en zei: 'Vader Anthony, u moet wel ontzettend slecht zijn.' Ik antwoordde: 'Dat ben ik inderdaad, maar hoe weet je dat?' Ze zei: 'Omdat u onze zonden zo goed hebt beschreven, dat u ze allemaal wel zelf bedreven moet hebben'. Inderdaad, de schokkende beschrijving van kwade gedachten en slechte gedragingen die ik je nu voorhoud, zeggen wellicht iets over mij en niet over jou, maar misschien gaan ze toch ook jou een beetje aan, al is het maar weinig.

Waar we mee moeten beginnen als we willen gaan bidden, is de zekerheid dat we zondaars zijn die gered moeten worden, dat we afgesneden zijn van God, en dat we niet kunnen leven zonder Hem. Het enige wat we God kunnen aanbieden is ons wanhopig verlangen om zo te worden omgevormd dat Hij ons kan aannemen, ons aannemen in berouw, ons aannemen in barmhartigheid en in liefde. En zo is ons gebed vanaf het eerste begin werkelijk een nederig opgaan naar God, een moment dat we ons naar God toekeren, beschroomd om naderbij te komen. Want we weten dat als we Hem ál te spoedig ontmoeten, voordat Zijn genade voldoende tijd gehad heeft om ons te helpen in staat te zijn om Hem te ontmoeten, het onze veroordeling zal betekenen. Het enige wat we kunnen doen is ons naar Hem toekeren in alle eerbied, in alle verering, godsdienstige aanbidding en vrees voor God waartoe we in staat zijn, met alle aandacht en ijver waarover we beschikken, om Hem te vragen iets met ons te doen dat ons in staat zal stellen Hem van aangezicht tot aangezicht te ontmoeten, niet tot oordeel of veroordeling, maar tot eeuwige leven.

Hier zou ik je graag willen herinneren aan de parabel van de farizeeër en de tollenaar[7]. De tollenaar komt in de tempel en blijft achterin staan. Hij beseft dat hij er als een veroordeelde staat; hij weet dat er in termen van rechtvaardigheid geen hoop voor hem is, omdat hij een buitenstaander is van het Koninkrijk Gods, van het rijk der gerechtigheid of het rijk van de liefde, want hij behoort noch tot het ene, noch tot het andere. Maar in het wrede, harde en lelijke leven dat hij leidt, heeft hij toch iets geleerd waarvan de rechtvaardige farizeeër geen idee heeft. Hij heeft geleerd dat in een wereld van competitie, in een wereld van roofzuchtige dieren, in een wereld van wreedheid en harteloosheid, dat daar het enige waarop iemand nog kan hopen een daad van barmhartigheid is, een daad van medeleven, een geheel onverwachte daad die niet geworteld is in plichtsbesef, noch in natuurlijke banden, maar die de wrede, harde en harteloze wereld waarin wij leven ongedaan kan maken. Al wat hij van zichzelf weet, namelijk dat hij een afperser is, een geldschieter, een dief enzovoort, toch weet hij ook dat er momenten zijn dat hij zomaar, omdat het geen deel uitmaakt van de wereldse verwachtingen, een schuld kan kwijtschelden, omdat zijn hart plotseling mild en kwetsbaar is geworden. Bij een andere gelegenheid wordt hij ervan weerhouden iemand in de gevangenis te werpen, omdat een gezicht hem aan iets herinnerd heeft of omdat een stem hem regelrecht in het hart heeft geraakt. Daar is geen logica in te bespeuren. Het maakt geen deel uit van wereldse verwachtingen, noch is het de manier waarop hij zich gewoonlijk pleegt te gedragen. Het is iets dat alles doorbreekt, iets volkomen ongerijmds dat hij niet kan weerstaan. En hij weet waarschijnlijk ook hoe dikwijls hijzelf voor een catastrofaal einde gespaard bleef door deze tussenkomst van het onverwachte en het onmogelijke, door barmhartigheid, medeleven, vergeving. Zo staat hij achter in de kerk, omdat hij weet dat geheel de ruimte binnen de kerk een rijk van gerechtigheid en goddelijke liefde is, waar hij niet bijhoort en waarin hij niet binnen kan treden. Maar uit ervaring weet hij ook dat het onmogelijke kan gebeuren en dat is ook waarom hij zegt: 'Wees genadig, breek de wetten der gerechtigheid, breek de wetten van de godsdienst, daal af uit barmhartigheid naar ons die geen recht hebben om te worden vergeven of te worden toegelaten.' En ik denk dat we hiermee onophoudelijk, steeds weer opnieuw, moeten beginnen.

Je herinnert je waarschijnlijk wel de twee passages bij de H. Paulus waar hij zegt: 'Mijn kracht wordt openbaar in zwakheid'[8]. Zwakheid is hier niet het soort zwakheid dat wij tonen door te zondigen of door God te vergeten, maar een vorm van zwakheid die volledige buigzaamheid betekent, volkomen doorzichtigheid, volledige overgave in Gods handen. Gewoonlijk proberen wij sterk te zijn en verhinderen zodoende dat God Zijn kracht kan openbaren.

Je herinnert je nog wel hoe je hebt leren schrijven toen je nog klein was. Je moeder stopte je een potlood in de hand, nam jouw hand in de hare en begon die te bewegen. Omdat je helemaal niet wist waar ze heen wilde, hield je je hand volkomen los in de hare. Dit is wat ik bedoel met 'Gods kracht wordt openbaar in zwakheid'. Je zou in dit verband ook kunnen denken aan het beeld van een zeil. Alleen omdat het zo goed meegeeft, kan het de wind opvangen en worden gebruikt om een boot te laten wenden en keren. Als je in plaats van een zeil stevige planken zou nemen, zou het niet lukken. Het is de soepelheid van het zeil, die het gevoelig maakt voor de wind. Hetzelfde geldt voor de handschoen van de chirurg in vergelijking met die van de bokser. Zo sterk de bokshandschoen is, zo zwak is de chirurgische handschoen. Toch kan deze laatste, geschoven aan intelligente handen, wonderen verrichten, juist omdat hij zo soepel is. Een van de dingen die God ons voortdurend tracht te leren is de denkbeeldige en zeer kleine hoeveelheid vernietigende kracht waarover wij beschikken, te vervangen door de zwakheid welke bestaat in de overgave, in het zich prijsgeven in de handen van God. Hiervan zal ik je een voorbeeld geven.

Vijfentwintig jaar geleden werd een vriend van mij, die twee kinderen had, gedood bij de bevrijding van Parijs. Zijn kinderen hadden mij altijd afgewezen, omdat ze jaloers waren dat hun vader een vriend had. Maar toen de vader gestorven was, veranderde hun houding tegenover mij, omdat ik hun vaders vriend was geweest. Een van die twee was een meisje van vijftien toen ze mij eens kwam opzoeken in mijn spreekkamer (ik was arts voordat ik priester werd), en zij zag dat ik, naast mijn medische spullen, het Evangelieboek op mijn werktafel had liggen. Met de stelligheid de jeugd eigen zei ze: 'Ik begrijp niet dat iemand van wie men mag veronderstellen dat hij gestudeerd heeft, in zulke domme dingen kan geloven.' Ik antwoordde: 'Heb je het gelezen?' 'Nee,' zei ze. Waarop ik antwoordde: 'Onthoud dit goed, het zijn alleen zeer domme mensen die een oordeel vellen over dingen die ze niet kennen.' Daarna heeft ze het Evangelie gelezen en het ging haar zo interesseren dat haar gehele leven veranderde, want ze begon te bidden en God liet haar Zijn aanwezigheid ervaren en zo leefde ze een zekere tijd. Toen werd ze ziek; ze bleek te lijden aan een ongeneeslijke ziekte. Ik kreeg een brief van haar toen ik intussen priester geworden was en in Engeland woonde. Ze schreef: 'Sinds mijn lichaam is gaan verzwakken en begint af te takelen, is mijn geest levendiger dan ooit en ik ervaar Gods aanwezigheid zo makkelijk en met zo'n grote vreugde.' Ik schreef haar terug: 'Reken er niet op dat dit zo zal blijven. Als je krachten nog verder zijn afgenomen, zal je niet langer in staat zijn jezelf naar God toe te keren en je tot Hem te richten. Dan zal je het gevoel hebben dat je geen toegang hebt tot God.' Enige tijd later schreef ze me terug met de volgende woorden: 'Ja, ik ben nu zo zwak dat ik het niet meer kan opbrengen om me naar God toe te bewegen of zelfs maar actief naar Hem te verlangen; God is verdwenen.' Ik antwoordde toen: 'Doe nu iets anders. Probeer je de nederigheid eigen te maken, in de echte en diepe zin van dat woord'.

Het woord voor 'nederigheid' [Eng. humility] komt van het Latijnse *humus*, dat 'vruchtbare grond' betekent. Voor mij is nederigheid niet wat men er zo vaak van maakt: de schaapachtige manier waarop men zich probeert in te beelden dat we de slechtste van allemaal zijn en proberen anderen ervan te overtuigen dat ons kunstmatig gedrag aantoont dat wij ons daarvan bewust zijn. Nederigheid is de toestand van de aarde. De aarde is er altijd, wordt altijd als vanzelfsprekend beschouwd, nooit in gedachten genomen, wordt altijd door iedereen met voeten getreden, en ergens storten we al onze afval uit en gooien we neer wat we niet meer nodig hebben. Maar ze is daar, zwijgend alles aanvaardend en op een wonderlijke manier uit al die afval nieuwe rijkdom voortbrengend, ondanks het bederf, het bederf zelf omvormend tot levenskracht en een nieuwe mogelijkheid tot creativiteit, openstaande voor zonneschijn, openstaande voor regen, klaar om elk zaadje dat we zaaien op te nemen en bij machte om van elk zaadje het dertigvoudige, zestigvoudige of honderdvoudige op te brengen[9]. Ik zei tegen deze vrouw: 'Probeer voor God te zijn zoals de aarde: overgegeven, prijsgegeven, bereid om alles te aanvaarden van de mensen en van God.' Inderdaad kreeg ze veel van de mensen: binnen zes maanden werd haar man zijn stervende vrouw moe en liet haar in de steek; zo kwistig werd de afval weggegooid. Maar God liet ook Zijn licht schijnen en gaf Zijn regen, want korte tijd daarna schreef ze mij: 'Ik ben volledig tot een eindpunt gekomen. Ik kan me niet meer naar God toe bewegen, maar het is God die naar mij afdaalt.'

Dat is niet zomaar een verhaal om te illustreren wat ik gezegd heb, maar het raakt iets wezenlijks. Dit is de zwakheid waarin God Zijn kracht kan openbaren en dit is de situatie waarin de afwezigheid van God kan worden tot Gods aanwezigheid. Wij kunnen God niet overmeesteren. Maar wanneer we buiten het rijk van het 'recht' staan, zoals de tollenaar, of zoals dit meisje, alleen maar in het rijk van de genade, pas dán kunnen we God ontmoeten.

Probeer je op deze manier in te denken wat de afwezigheid van God betekent. Bedenk dat voordat je op de deur kan kloppen – en wees je ervan bewust dat de deur van het Koninkrijk niet alleen wordt opgevat in algemene zin, maar dat Christus werkelijk zegt: 'Ik ben de deur'[10] – dat voordat je op de deur klopt, je je moet realiseren dat je buiten staat. Als je je tijd doorbrengt door je op een dwaze manier in te beelden dat je al in het Koninkrijk van God bent, dan is er zeker geen reden om aan te kloppen, bij welke deur dan ook, om die geopend te krijgen. Vanzelfsprekend moet je ook goed rondkijken om te zien waar de engelen en de heiligen zijn, en waar de woning is die jou toekomt. En als je niets ziet dan duisternis of muren, dan mag je geheel terecht verbaasd staan dat het Paradijs zo weinig aantrekkelijk is. Wij moeten allemaal goed beseffen dat we er nog niet in zijn, dat we nog altijd buitenstaanders zijn van het Koninkrijk Gods, en onszelf dan afvragen: 'Waar is de deur en hoe klop ik daar aan?'

In het volgende hoofdstuk zullen we proberen dieper in te gaan op dit onderwerp, over het kloppen aan de deur en onze poging om binnen te komen, teneinde een medeburger te worden van het Paradijs, daar waar gebed mogelijk is.

2
KLOPPEN AAN DE DEUR

Zoals ik al gezegd heb toen ik sprak over de manier waarop wij Gods afwezigheid ervaren – welke afwezigheid natuurlijk niet objectief maar subjectief is – totdat we ons ervan bewust zijn dat wij buiten het Koninkrijk Gods staan en dat we moeten aankloppen aan een deur om binnengelaten te worden, zullen we misschien een heel stuk van ons leven doorbrengen in de veronderstelling dat we binnen zijn, en ons gedragen alsof dat ook zo is, en nooit die diepte bereiken waar het Koninkrijk Gods zich in al zijn schoonheid, waarheid en heerlijkheid ontvouwt.

Wanneer ik zeg dat we buitenstaanders zijn, dan bedoel ik niet dat er zonder meer een situatie bestaat waarin wij geheel buiten of geheel binnen staan. We zouden eerder moeten denken aan een groeiende vooruitgang, van diepte naar diepte, van hoogte tot hoogte, aan wat voor formulering je ook maar de voorkeur geeft, zodat we bij iedere stap al iets van de rijkdom bezitten, van iets dat diep is, en toch altijd blijven verlangen en streven naar wat nog rijker en dieper is. Het is van belang dit nooit te vergeten, want we zijn buitengewoon rijk, zelfs al staan we buiten. God geeft ons zo veel, we zijn intellectueel en emotioneel gezien zo rijk, ons leven is zo vol, dat we misschien denken dat er niets méér kan zijn dan dit, dat we onze vervulling en volkomenheid al gevonden hebben, dat we het doel van ons zoeken al bereikt hebben. Maar we moeten leren dat er altijd nog meer is. We moeten ons erover verheugen dat, arm als we zijn, we zo rijk zijn; en toch moeten we verlangen naar de ware rijkdommen van het Koninkrijk, en zorgen niet te worden misleid door wat we reeds bezitten, zodat we ons zouden afwenden van wat voor ons ligt.

We mogen niet vergeten dat al wat wij bezitten een gave is. De eerste zaligspreking betreft de armoede, en alleen als wij leven volgens deze zaligspreking kunnen we het Konink-rijk Gods binnengaan[1]. Deze zaligspreking heeft twee aspec-ten. Allereerst is er het onbetwistbare feit dat we niets bezitten wat we kunnen behouden, of we dat nu willen of niet. Het is de ontdekking dat ik niets ben en dat ik niets heb – een algehele, onherroepelijke, hopeloze armoede. We bestaan, omdat anderen ons hebben gewild en ter wereld hebben gebracht. We hebben er zelf niets voor gedaan; het was geen daad van onze vrije wil. We hebben het leven niet zo in de hand dat niemand het ons kan afnemen; alles wat we zijn en alles wat we hebben is dan ook kortstondig in deze zin. We hebben een lichaam – het zal sterven. We hebben een geest – en toch hoeft er maar een heel klein bloedvaatje in de hersenen te springen om de grootste geest plotseling te laten uitdoven. We hebben een hart, met gevoel en leven – en toch komt er een moment dat wanneer we al onze sympa-thie en al ons begrip gaarne zouden willen uitstorten over iemand die in nood is, er op dat moment alleen maar een steen in ons binnenste zit.

Zo zouden we, met enig recht, kunnen zeggen dat we niets bezitten, omdat we over niets van wat we in bezit hebben meester zijn. En dit zou ons kunnen voeren, niet naar het besef te behoren tot het Koninkrijk Gods en de vreugde daarover, maar tot wanhoop – als wij ons niet zouden herinneren dat ook al is niets van deze dingen van ons, in die zin dat ze van ons afgenomen kunnen worden, we er toch in het bezit van *zijn*. Dit is het tweede aspect van de zaligspreking. We zijn rijk, en alles wat we bezitten is een geschenk en een teken van de liefde van God en de liefde van mensen. Het is een voortdurende gave van goddelijke liefde, en zolang we niets bezitten, openbaart zich de goddelijke liefde voortdurend en volledig. Maar ieder ding dat we in eigen handen nemen om het te bezitten, wordt weggenomen uit het rijk van de liefde. Zeker, het wordt van ons, maar de liefde gaat verloren. En alleen degenen die alles weggeven, hebben weet van de ware, algehele, definitieve, onherroepelijke geestelijke armoede; alleen zij bezitten de liefde van God, welke uitgedrukt wordt in al Zijn gaven. Een van onze theologen heeft eens gezegd: 'Alle voedsel op deze wereld is eetbaar gemaakte goddelijke liefde'. Ik denk dat dit waar is, en zodra we trachten rijk te zijn door iets veilig in onze handen vast te houden, zijn we verliezers. Want zolang wij niets in de hand hebben, zijn we vrij om al dan niet iets te pakken of te laten en ermee te doen wat we willen.

Dit is het Koninkrijk, het gevoel dat we vrij van bezit zijn, en deze vrijheid plaatst ons in een positie waar alles liefde is – menselijke liefde en goddelijke liefde.

Als we nu in dezelfde trant doorredeneren, dan kunnen we hetzelfde idee toepassen op wat we hiervoor gezegd hebben. We zijn inderdaad rijk. Toch zouden we ons door wat we bezitten nooit mogen laten verleiden tot de gedachte dat we nu de oude schuren wel kunnen afbreken om nieuwe te bouwen, om zo meer van onze rijkdommen te kunnen bewaren. Niets kan worden bewaard – niets dan het Koninkrijk Gods zelf. En zo kunnen we het een na het ander opzij zetten om vrij voorwaarts te gaan, vrij van rijk te zijn. Heb je nooit opgemerkt dat rijk zijn altijd een verarming op een ander vlak betekent? Het is al voldoende voor je om te zeggen: 'Dit is mijn horloge, het is van mij', en het met je hand te omsluiten, om in het bezit te zijn van een horloge maar een hand te hebben verloren. En als je geest zich om je rijkdommen heen sluit, als je je hart omsluit, zodat je wat er in opgeborgen zit veilig kunt behouden om het nooit te verliezen, dan wordt het even klein als datgene wat je erin opgesloten houdt.

Welnu, als dit waar is, op het moment dat je het diepste punt bereikt hebt, het moment waarop je je bewust bent van je uiterste niet-bezitten, dat je dan op de buitenste rand bent van het Koninkrijk Gods. Op dat moment besef je al enigszins dat God liefde is en dat Hij je in Zijn liefde overeind houdt. En op dat punt aangekomen kun je tegelijkertijd twee dingen zeggen. Je kunt bidden vanuit je opperste ellende, verlatenheid en armoede, of je kunt je verheugen dat je zo rijk bent met de liefde van God. Maar dit geldt alleen als je tot deze ontdekking gekomen bent; want zolang je je inbeeldt dat je rijk bent, is er niets om God voor te danken en kun je je er niet bewust van worden dat je bemind wordt. Al te vaak blijft de dankzegging die wij God aanbieden veel te algemeen, en is het berouw dat wij God brengen teveel een algemeen berouw.

Dit heb ik eens ondervonden op een hoogst onromantische en weinig spirituele manier. Ik herinner mij dat ik, toen ik nog een jongen was, ergens naar toe ging en dat ik mijn reis zo had uitgestippeld dat ik hoopte te arriveren tegen de tijd dat men aan tafel zou gaan voor de lunch. Ik dacht dat als ik op tijd zou arriveren, ze mij onmogelijk in de kamer ernaast konden laten wachten zonder me iets te eten te geven. Maar, natuurlijk was mijn trein te laat en kwam ik na de lunch aan, rammelend van de honger. Ik was samen met een vriend, en omdat we werkelijk teveel honger hadden om weer op weg te gaan, vroegen we of er niet iets te eten was. Ze zeiden: 'We hebben een halve komkommer.' We keken naar de komkommer en naar elkaar en dachten: 'Is dat alles wat God ons kan geven?' Toen zei mijn vriend: 'Komaan, laten we het dankgebed doen'. Ik dacht: 'Goeie genade, voor een komkommer!' Mijn vriend was geloviger en godsdienstiger dan ik, dus baden we samen het Negende uur, toen nog een paar gebeden en tenslotte baden we de zegen voor het voedsel. Gedurende al die tijd had ik moeite om mijn aandacht af te houden van de halve komkommer, waarvan een kwart voor mij zou zijn. Toen braken we de komkommer doormidden en aten hem op. Ik ben van mijn leven God niet zo dankbaar geweest voor welke omvang of hoeveelheid van voedsel ook. Ik at het als iemand die gewijd voedsel tot zich neemt. Ik at zorgvuldig om geen moment te missen van het rijke genoegen van die frisse komkommer. En toen we klaar waren, aarzelde ik niet te zeggen: 'En laat ons nu de Heer danken,' en we begonnen opnieuw vol dankbaarheid.

We kunnen geen leven van gebed leiden, we kunnen geen voortgang maken op de weg naar God, als we niet los zijn van bezit, om zo twee handen vrij te hebben om aan te kunnen bieden en een hart dat volstrekt open is – niet als een beurs die we niet open durven te doen, omdat ons geld er anders uit zou rollen, maar als een open en lege beurs - en een verstandelijk vermogen volstrekt open naar het onbekende en het onverwachte. Dit is de manier waarop we rijk kunnen zijn en toch volkomen vrij van rijkdom. En dit is het punt waarop we kunnen zeggen dat we buiten het Koninkrijk zijn en toch zo rijk zijn, er binnen zijn en toch zo vrij.

Dit geldt ook, bijvoorbeeld, voor als wij vasten. Ik bedoel

niet het vasten en de onthouding die alleen de maag aangaat, maar die houding van soberheid die het je mogelijk maakt, of die je er toe aanzet, om nooit tot slaaf te worden gemaakt van wat dan ook. Dit is een zaak die onze gehele manier van leven aangaat. Allereerst betreft het onze verbeelding, omdat dit een punt is waar de zonde begint. Een van onze Orthodoxe schrijvers, uit de negende eeuw, heeft gezegd dat de zonden van het vlees de zonden zijn die de geest bedrijft tegen het vlees. Het is niet het vlees dat verantwoordelijk is, en ik denk dat we in die zin moeten leren onze verbeelding te beheersen. Zolang onze verbeelding geen greep op ons heeft, raken de dingen ons niet; maar zodra onze verbeelding in het lichamelijke verstrikt en gevangen is geraakt, zitten wij eraan vast. Je weet dat er zoiets bestaat als vlees en groente en pudding en zo meer. Als een objectief feit weet je dat. Nu kan je er ook voor gaan zitten om jezelf af te vragen: 'Ik heb eigenlijk wel geen honger, maar er zijn zoveel lekkere dingen te eten, waar zou ik nu eens trek in hebben?' Binnen vijf minuten zal je je tentakels geprojecteerd hebben over een variëteit van dingen. Dan zal je als Gulliver zijn, aan de grond gehecht met een draad, en nog een draad en nog een; elk van die draadjes betekent eigenlijk niets, maar het totale aantal houdt je stevig op de grond vastgebonden. Als je eenmaal je verbeelding de vrije loop hebt gelaten, dan wordt alles veel moeilijker. In dat opzicht moeten we sober zijn en voor onze vrijheid vechten. Er is nogal een groot verschil tussen gehechtheid en liefde, tussen honger en hebzucht, tussen een levendige belangstelling en nieuwsgierigheid, enzovoort. Al onze natuurlijke neigingen hebben een tegendeel dat door het kwaad getekend is en één van de manieren is waarop we tot slavernij vervallen. En dit bedoelde ik met het inhouden van onze tentakels. Je moet beginnen met 'nee' te zeggen. Als je niet op tijd 'nee' hebt gezegd, dan wacht je een gevecht. Maar wees dan zonder pardon, want rede en onthechting zijn meer waard dan wat je als verslaafde aan plezier beleeft.

Welnu, als hetgeen ik tot dusver gezegd heb waar is, dan moeten we op een deur kloppen. Op dit punt worden bepaalde poblemen in een scherp licht geplaatst. Als het de deur van een of andere kerk was, dan zou het heel eenvoudig zijn, dan zouden we wel komen en aankloppen. Maar de moeilijkheid is dat we gewoonlijk niet weten waar aan te kloppen. Hoe vaak zijn er niet mensen die willen bidden en zich afvragen: 'Waarheen moet ik mijn gebed nu richten? Waar zal ik mijn blik en mijn hart naar toe wenden?' Als je een Moslim bent, is het eenvoudig. Dan keer je je naar Mekka. Maar zelfs dan, als we ons eenmaal naar het Oosten gekeerd hebben, wat dan? Je kunt je niet richten op dingen die minder zijn dan God. Vanaf het moment dat je je probeert te richten op een denkbeeldige god, of een god die je je kan voorstellen, loop je groot gevaar een afgodsbeeld op te richten tussen jezelf en de werkelijke God. Dit is een gedachte die al in de vierde eeuw werd uitgesproken door de H. Gregorius van Nazianze. Hij zei dat vanaf het moment waarop we een zichtbaar teken voor ons plaatsen, of dit nu een kruisbeeld is, een tabernakel, een icoon of een niet-zichtbaar beeld – God zoals wij Hem ons voorstellen, of Christus zoals wij Hem hebben gezien op schilderijen – en wij onze aandacht daarop vestigen, dan hebben wij daarmee een hindernis opgeworpen tussen onszelf en God. We nemen dan het beeld dat wij ons hebben gevormd voor de persoon tot wie wij ons in gebed richten. Wat wij moeten doen is al onze kennis die we omtrent God bezitten verzamelen om in Zijn tegenwoordigheid te komen, maar dan beseffen dat alles wat we weten omtrent God als het ware ons verleden is, wat achter ons ligt. Dan staan we van aangezicht tot aangezicht voor God in geheel Zijn complexiteit en in geheel Zijn eenvoud, zo dichtbij en toch zo onbekend. Alleen wanneer we geheel en al openstaan voor de Onbekende, kan de Onbekende zichzelf openbaren, Zichzelf, zoals Hij verkiest Zich te openbaren aan ons zoals wij nu zijn. Zo, met deze openheid van hart en geest, moeten we voor God staan zonder te proberen Hem een gedaante te geven of Hem op te sluiten in begrippen en beelden, en zo moeten we aankloppen aan een deur.

Maar waar? Het Evangelie zegt ons dat het Koninkrijk Gods allereerst binnen in ons is[2]. Als we het Koninkrijk Gods niet kunnen vinden binnen in ons, als we God niet kunnen ontmoeten binnen in ons, in het diepste gedeelte van onszelf, dan zijn de kansen om Hem buiten onszelf te vinden ver te zoeken. Toen Gagarin uit de ruimte terugkwam en zijn opmerkelijke uitspraak deed dat hij nergens God in de Hemel had gezien, merkte een van onze priesters in Moskou op: 'Als je Hem op aarde niet gezien hebt, dan zal je Hem in de Hemel ook nooit zien.' Dit is ook waar voor hetgeen waarover ik nu spreek. Als we met God geen contact kunnen krijgen als het ware onder onze eigen huid, in dit kleine wereldje dat ik ben, dan zijn de kansen heel gering dat, zelfs indien ik Hem van aangezicht tot aangezicht ontmoet, ik Hem zal herkennen. De H. Johannes Chrysostomus heeft gezegd: 'Zoek de deur van je hart, dan zal je ontdekken dat dit de deur van het Koninkrijk van God is'. We moeten ons dus naar binnen keren, en niet naar buiten – maar naar binnen op een heel speciale manier. Ik zeg niet dat we moeten worden als naar binnengekeerden. Ik bedoel niet dat we op een manier naar binnen moeten gaan zoals dat in de psychoanalyse of de psychologie gebeurt. Het is geen reis naar mijn *eigen* innerlijk, het is een reis *door* mijn eigen innerlijk heen, om op te klimmen vanuit het diepste niveau van het ik naar de plaats waar Hij is, het punt waar God en ik elkaar ontmoeten.

Vandaar dat de vraag naar het beginnende gebed twee aspecten heeft: ten eerste, deze weg naar binnen, en ten tweede, het gebruik van woorden in het gebed en waar wij ze naartoe moeten richten.

Ik ga nu spreken over het tweede punt. Naar wat, naar wie moet ik de scherpe hoek van mijn gebed richten? Zeer dikwijls proberen mensen de hemel in te roepen en zijn ze verbaasd om te ontdekken dat de hemel leeg is en geen echo geeft. Van daar kan men geen echo verwachten. Een geestelijk schrijver uit de zevende eeuw, Johannes Klimakos, heeft geschreven dat een gebed, de woorden van een gebed, zijn als een pijl. Maar een pijl bezitten is niet voldoende. Als je je doel wilt treffen, moet je een boog hebben met een goede pees, en een sterke arm om te spannen. Als je een goede boog hebt, maar je kunt hem niet spannen, dan zal je pijl amper een paar meter weg vliegen en op de grond vallen. Als je de schacht niet met een krachtige arm wegschiet, zal hij het doel niet bereiken. Wat wij nodig hebben is de boog, de pees en de arm, en bovendien kracht. Gesteld nu dat de woorden van het gebed de schacht zijn, dan is het doel het diepste punt waar God zich binnen in ons bevindt; we moeten onze boog naar binnen richten om onszelf in dat diepste punt te raken. Vervolgens moeten we ervoor zorgen dat er aan alle voorwaarden voldaan is om de pijl op krachtige wijze door de lucht te laten vliegen. Heel vaak zijn we onoplettend bij het bidden, ons hart is er niet bij, en ons gebed wordt niet gedragen door ons leven. Hierin zou je, als je wilt, een analogie kunnen zien met de boog, de pees en de kracht.

Er zijn van die momenten dat men pogingen doet om tot de diepten door te breken door Hem die aan de wortel en diepte van alles staat, aan te roepen. Maar dan zal je ook heel duidelijk zien waar je heen gaat en wat het doel van je gebed is: niet naar achteren, niet omhoog, maar dieper en dieper – bij iedere weerstand die op je weg komt, bij iedere verhullende drogreden, bij alles wat je verhindert om tot die grote diepte door te stoten. En zo zal bidden volmaakt haalbaar blijken te zijn, zij het dan dat het een pittige, ingespannen en gewaagde onderneming is.

In de allereerste plaats dan, moeten we een gebed kiezen. Dat is heel belangrijk. Juist zoals het belangrijk is om de juiste woorden te gebruiken in een relatie die je met iemand hebt, zo geldt dat ook voor een gebed. Welk gebed we ook kiezen, het moet een gebed zijn dat betekenis voor ons heeft, een gebed waar we ons niet ongemakkelijk bij voelen. Ik moet toegeven dat het gebruik van gebedenboeken mij heel vaak een ongemakkelijk gevoel bezorgde. Ik ervaar het zo, dat als God werkelijk aanwezig zou zijn, hier op concrete wijze tegenover mij, ik het dan echt niet zou wagen al die afgezaagde redevoeringen tot Hem te houden en Hem dingen te vertellen over Hemzelf, die Hij allang wist voordat ik ook maar ter wereld kwam. Er moet dus een keuze worden gemaakt, omdat, als je je voor je gebed schaamt, God zich ook ongemakkelijk zou kunnen voelen over jou en je gebed. Dan zal je nooit in staat zijn om het vanuit je gehele hart voor God te brengen. Het eerste waar het dus werkelijk op aankomt, is woorden van gebed te vinden die passend zijn in jouw ogen en passend zijn in Gods ogen. Ik zeg 'die passend zijn in jouw ogen en passend in Gods ogen', want als ze goed genoeg zijn voor jou, dan kan God ze ook aanvaarden. Maar zijn ze voor jou niet goed genoeg, plaag er God dan niet mee; hij heeft wel betere dingen gehoord dan die. Toch moeten we niet proberen buitengewone woorden te zoeken. Een van de gevaren bij het bidden is, dat we woorden trachten te vinden die enigszins op het niveau van God zijn. Helaas, aangezien niemand van ons op één niveau met God is, zullen we daar nooit in slagen en een hoop tijd verspillen met het zoeken naar de juiste woorden.

Zonder te trachten het hele gebied te ontginnen, zou ik graag alleen maar een beeld willen geven van het waardevolle van een daad van verering of woorden van verering. In het leven van Mozes, volgens een joodse volksoverlevering, komt een opmerkelijke passage voor. Mozes ontmoet in de woestijn een herder. Hij brengt de dag samen met de herder door en helpt hem bij het melken van zijn ooien. Aan het einde van de dag ziet hij dat de herder de beste melk die hij heeft in een houten nap giet, die hij op enige afstand op een platte steen zet. Dan vraagt Mozes hem waar dat voor dient, en de herder antwoordt: 'Dat is melk voor God.' Mozes verwondert zich daarover en vraagt hem wat hij bedoelt. De herder zegt: 'Ik neem altijd de beste melk die ik heb en die draag ik als offer op aan God.' Mozes, die heel wat wijzer is dan de herder met zijn naïeve geloof, vraagt hem: 'En drinkt God dat op?' 'Ja,' antwoordt de herder, 'dat doet Hij.' Dan voelt Mozes zich verplicht de arme herder in te lichten en hij legt hem uit dat God, die zuiver geest is, geen melk drinkt. Toch is de herder er zeker van dat Hij dat wel doet, en zo redetwisten zij een poosje. Het loopt erop uit dat Mozes tegen de herder zegt, dat hij zich achter de bosjes moet verbergen om te zien of God de melk inderdaad komt opdrinken. Mozes gaat dan weg om in de woestijn te bidden. De herder verbergt zich, het wordt nacht en in het maanlicht ziet de herder een klein vosje uit de woestijn komen aantippelen; het kijkt naar rechts, het kijkt naar links en gaat recht op de melk af, likt die op en verdwijnt weer in de woestijn. De volgende morgen vindt Mozes de herder helemaal ontdaan en terneergeslagen. 'Wat is er gebeurd?' vraagt hij. De herder zegt: 'Je had gelijk, God is zuiver geest en Hij heeft mijn melk niet nodig.'

Mozes is verbaasd. Hij zegt: 'Je zou blij moeten zijn. Je weet nu immers meer van God dan eerst.' 'Ja, dat wel,' zegt de herder, 'maar het enige wat ik kon doen om mijn liefde voor Hem tot uitdrukking te brengen is mij nu ontnomen.' Mozes begrijpt dit. Hij trekt zich terug in de woestijn en bidt krachtig. 's Nachts spreekt God tot hem in een visioen: 'Mozes, je hebt verkeerd gedaan. Het is waar dat Ik zuiver geest ben. Maar toch heb Ik de melk die de herder mij offerde altijd in dank aanvaard als het bewijs van zijn liefde. Maar, omdat Ik als zuivere geest die melk niet nodig had, deelde Ik dat met dat kleine vosje, dat zo dol op melk is.'

Vóór alles heb ik geprobeerd erop te wijzen, dat je gebed naar binnen gericht moet zijn, niet naar een God des Hemels en ook niet naar een God ver weg, maar naar God die dichter bij is dan je beseft. En vervolgens, dat als je je gebedshandeling begint, je dan woorden moet kiezen die geheel in overeenstemming zijn met wat je bent, woorden waarvoor je je niet schaamt, die op passende wijze jezelf tot uitdrukking brengen – en bied die dan aan God aan met al je begrip waartoe je in staat bent. Je moet ook zoveel mogelijk je gehele hart leggen in zo'n daad van aanbidding, een daad van erkenning van God, een daad van liefhebben, wat toch de ware betekenis van liefdadigheid is. Het moet een daad zijn die je gehele geest en hart insluit, en een daad die volkomen past bij wat je bent.

Het eerste wat ik daarom voorstel is, dat je jezelf afvraagt welke woorden van gebed voor jou zinvol zijn om aan God op te dragen, of die woorden nu van jezelf zijn of van anderen. Vraag jezelf ook af hoe diep ze je hart raken, in welke mate je in staat bent om je geest erop te concentreren – want als jij geen aandacht kan opbrengen voor de woorden die je uitspreekt, waarom zou God dat dan moeten? Hoe kan Hij ze opvatten als een uitdrukking van liefde als jij je hart er niet in legt, als jij alleen maar een zekere mate van beleefdheid getoond hebt, gecombineerd met een zekere mate van afwezigheid?

En wanneer je dan een gebed dat je gekozen hebt leert gebruiken op ogenblikken dat je al je aandacht kan schenken aan de goddelijke aanwezigheid en God dit gebed aanbiedt, dan zal het geleidelijk aan zo gaan dat de bewustwording van God binnen in je groeit, tot zo'n sterke graad van bewustzijn dat, ongeacht of je nu in gezelschap van andere mensen bent, naar hen luistert of met hen spreekt, of dat je alleen aan het werk bent, dat zelfs als er mensen om je heen zijn, je in staat bent om te bidden. De analogie die sommige van onze geestelijke schrijvers maken, werkt op twee verschillende niveau's: het een is simpeler en meer basaal, en dat drukt, denk ik, zeer goed uit wat zij proberen te zeggen; het ander is verhevener.

De simpele en basale versie is te vinden bij een van onze grote geestelijke leiders, Theophan de Kluizenaar. Hij zegt: 'Het bewustijn van God zal bij je zijn in dezelfde mate als kiespijn.' Als je kiespijn hebt, dan vergeet je dat geen moment. Of je nu praat, of leest, of druk aan het werk bent, of zingt, of wat je ook maar aan het doen bent; de kiespijn is voortdurend aanwezig en je kunt aan die pijnlijke aanwezigheid niet ontsnappen. Hij zegt dat wij op dezelfde manier een zeurende pijn zouden moeten ontwikkelen in onze harten. Ik bedoel niet ons fysieke hart, maar in ons binnenste, een zeurende pijn die een wanhopige verlangen naar God zal zijn, een gevoel van 'Ik ben alleen, waar is Hij?' dat je overvalt zodra je de aanraking met Hem bent kwijtgeraakt in je gebed.

De meer verheven wijze van voorstellen is van toepassing als ons een grote vreugde te beurt is gevallen, of een groot verdriet of lijden ons heeft getroffen, dat we dat dan niet vergeten in de loop van de dag. We luisteren naar mensen, we doen ons werk, we lezen, we doen wat we verondersteld worden te moeten doen, en de pijn van het verlies, of het besef van de vreugde, van het verblijdende nieuws, vergezelt ons onophoudelijk. Dit zou ook zo moeten zijn met ons gevoel van de tegenwoordigheid van God. En als het gevoel van Gods tegenwoordigheid even duidelijk is als dat andere, dan kun je bidden terwijl je ondertussen andere dingen doet. Je kunt bidden terwijl je fysiek werk doet, maar je kunt ook bidden terwijl je met andere mensen bent, naar hen luistert, met hen praat of betrokken bent bij een of andere vorm van conversatie of relatie. Maar, zoals ik al gezegd heb, dit is niet het eerste wat ons overkomt, en ik denk dat wij ons eerst een houding van eerbiedige aandacht en inkeer moeten eigenmaken in omstandigheden die dat toestaan. Want het is zo makkelijk om de aandacht te laten verslappen en in je gebed weg te glijden van waakzaamheid naar dromen. Laten we beginnen met ons toe te leggen op die biddende aandacht, die volkomen balans, die godsdienstige aanbidding en overgave aan God op ogenblikken dat we daartoe in staat zijn met een onverdeeld hart en een onverdeelde geest. Daarna kunnen we het ook proberen in andere situaties.

We zullen met dit onderwerp in het volgende hoofdstuk verder gaan door te laten zien hoe je aan de hand van een of twee gebeden kunt doordringen tot in je diepste wezen, naar de plaats waar God is. Bovendien wil ik proberen uit te leggen hoe iemand de weg naar binnen kan gaan, want dat is een aparte oefening. Vergeet niet het kleine vosje, het kan erg nuttig zijn voor je gebedsleven. En nu we het toch over vossen hebben, als je wilt leren hoe je vriendschap sluit met God, leer dan van die andere vos, uit het boek van De Saint-Exupéry *De kleine prins*, hoe men vrienden maakt met iemand die uitzonderlijk gevoelig, kwetsbaar en schuw is.

3
NAAR BINNEN GAAN

Ik heb eerder gezegd dat een van de problemen waar we allemaal voor komen te staan en moeten oplossen, is: waar moet ik mijn gebed naar toe richten? Het antwoord dat ik heb voorgesteld is dat we het op onszelf moeten richten. Alleen als het gebed dat je van plan bent God aan te bieden voor jezelf belangrijk is en betekenis heeft, zal je in staat zijn het voor de Heer te brengen. Als je geen aandacht hebt voor de woorden die je uitspreekt, als je hart er niet op antwoordt, of als je leven niet in dezelfde richting gekeerd is als je gebed, dan zal het ontoereikend zijn om er God mee te bereiken. Daarom is een eerste vereiste, zoals ik al zei, een gebed te kiezen dat je kunt uitspreken met heel je verstand, met heel je hart en heel je wil[1] – een gebed dat niet per se een groots voorbeeld van liturgische kunst hoeft te zijn, maar dat wel waarachtig moet zijn en dat niet tekort doet aan wat je ermee tot uitdrukking wilt brengen. Je moet dat gebed begrijpen met al de rijkdom en precisie die het bezit.

Bij de keuze van woorden zijn er drie dingen die we kunnen doen. We kunnen het spontane gebed gebruiken, een vorm van gebed dat uit onze eigen ziel opwelt; we kunnen ook korte mondelinge gebeden gebruiken die zeer kort zijn, maar buitengewoon diep van inhoud en breedte, die zoveel betekenissen kunnen bevatten als maar mogelijk is. En we kunnen, wat men soms een beetje laatdunkend 'pasklare gebeden' noemt gebruiken, die kunnen variëren van de afgezaagde producten van mensen die voor alle mogelijke gelegenheden gebeden hebben proberen te maken, tot die uitdrukkingsvormen van gebed waarin de diepste ervaring van heiligen besloten ligt, gebeden die zij niet zelf hebben bedacht, maar die door toedoen van de Heilige Geest in hun leven en in hun hart geijkt zijn. Over elk van deze categorieën zou ik nu iets willen zeggen.

Spontaan gebed is mogelijk in tweeërlei situaties. Het komt ofwel op momenten dat we God levendig bewust zijn geworden, als dit bewustzijn bij ons een reactie van aanbidding oproept, van vreugde, tot uiting komend in alle vormen van respons waartoe wij in staat zijn, en wanneer wij zijn wie we zijn als we tegenover de levende God zijn geplaatst. Of het komt wanneer we plotseling bewust zijn geworden van het dodelijke gevaar waarin we verkeren als we tot God opgaan, ogenblikken waarin we het plotseling uitschreeuwen vanuit de diepte van onze wanhoop en verlatenheid, en ook vanuit het gevoel dat er voor ons geen hoop is op verlossing, tenzij God ons verlost.

Deze twee situaties zijn twee uitersten – het zien van onszelf in de hopeloze situatie waarin we ons bevinden, Godloos, eenzaam, verlangend en toch niet in staat om daar doorheen te breken; of het wonder dat we ons plotseling voor het aangezicht van God bevinden, waarbij we spontaan kunnen bidden en het er niet veel toe doet welke woorden we gebruiken. We kunnen maar blijven herhalen 'mijn vreugde, mijn vreugde'. We kunnen woorden zeggen, omdat het niet op woorden aankomt. De woorden dienen er alleen maar toe om een stemming vast te houden, om op een ongewone en dwaze manier uiting te geven aan onze liefde of aan onze wanhoop. U herinnert zich de passage in het Evangelie over de Gedaanteverandering, waar Petrus aan Christus vraagt: 'Zullen we hier drie tenten bouwen, een voor U, een voor Mozes en een voor Elia?'[2]. Het Evangelie zegt dat hij onzin sprak[3], omdat hij buiten zichzelf was. Hij stond tegenover iets zo overweldigends, dat hij iets zei wat er maar in zijn hoofd opkwam. Hij gooide er maar wat uit om aan zijn gevoelens uiting te geven.

Welnu, als wij ons verbeelden dat we het spontane gebed ons gehele leven door kunnen volhouden, dan verkeren we in een kinderlijke vorm van zelfbedrog. Spontaan gebed moet uit onze ziel opwellen, we kunnen niet zomaar een kraantje opendraaien om het er uit te laten stromen. Wij hebben er niet de beschikking over om er ieder ogenblik uit te kunnen tappen. Het ontspringt uit de diepten van onze ziel, vanuit ofwel verwondering ofwel verdriet, maar het komt niet voort uit een daar tussenliggende situatie, waarbij we noch overweldigd zijn door de goddelijke aanwezigheid, noch door een gevoel van wie we zijn en de omstandigheid waarin we zijn. Dus is op zulke momenten het gebruik van een spontaan gebed een volslagen illusoire onderneming. Er zijn hele periodes in je leven dat je je noch op de bodem van de zee bevindt en evenmin bovenop de top van een berg, maar dat je toch iets aan je gebed moet doen. En dat is de periode dat je niet kunt bidden uit spontaniteit, maar wel kunt bidden uit overtuiging. Dit is heel belangrijk, want veel mensen die hun gebedsleven beginnen, denken dat ze niet oprecht zijn als ze niet geheel achter de woorden en zinnen staan die ze gebruiken. Dit is niet waar. In sommige perioden kun je volkomen oprecht zijn met betrekking tot de helderheid van je geest en de rechte koers van je wil, hoewel jouw woorden -

maar het kunnen ook gebaren zijn - op een gegeven moment niet uitdrukken wat je op dat moment voelt.

Het voorbeeld dat bij mij opkomt is het volgende. Stel dat je deel uitmaakt van een gezin en je werkt buitenshuis, en het is zwaar werk wat je doet, dan kom je misschien lichamelijk uitgeput thuis. Als op dat moment je moeder, je zus, je vader of wie dan ook zou vragen: 'Hou je van me?', dan zou je antwoorden: 'Zeker.' Als de ander zou doorgaan met vragen: 'Hou je echt van me op dit ogenblik?', dan zou je in alle eerlijkheid kunnen zeggen: 'Nee, ik voel niets als mijn pijnlijke rug en mijn uitgeputte lichaam.' Maar je hebt volkomen gelijk als je toch zegt: 'ik hou van je', want je weet dat er onder al die uitputting een levende stroom van liefde aanwezig is. En als Christus zegt: 'Wie Mij liefheeft, zal mijn geboden onderhouden'[4], dan zegt Hij niet: 'Als je Mij liefhebt, zal je van de ene in de andere emotie vallen, van de ene staat van verrukking in de andere, van het ene theologische visioen in het andere.' Hij zegt alleen maar: 'Als je mijn woorden gelooft, verhef je leven dan volgens wat je hebt gekregen.' En 'je leven verheffen' betekent altijd, als het ware, een beetje boven je eigen gemiddelde kunnen leven. Meer doen dan je uit spontaniteit gedaan zou hebben.

Zo blijkt er behoefte te bestaan aan een gebed dat niet spontaan is, maar dat op waarachtige wijze geworteld is in overtuiging. Om dit te vinden kun je putten uit een grote hoeveelheid bestaande gebeden. We bezitten reeds een rijke voorraad gebeden die gewrocht werden door de schommelingen van het geloof dankzij de Heilige Geest. Om een voorbeeld te geven, we hebben de psalmen, we hebben zoveel korte en lange gebeden in de liturgische rijkdom van alle Kerken, waar we uit kunnen putten. Waar het op aankomt, is dat je genoeg van zulke gebeden leert en kent om op het juiste moment over de juiste gebeden te kunnen beschikken.

Het is een kwestie van genoeg betekenisvolle passages uit je hoofd leren, uit de psalmen of de gebeden van heiligen. Ieder van ons is gevoelig voor bepaalde bijzondere passages. Teken de passages aan die je hart diep raken, die je diep innerlijk bewegen, die je iets zeggen, en die iets verwoorden van wat reeds binnen je ervaringsveld ligt, of dit nu de zonde betreft, of de vreugde in God, of de strijd. Leer die passages, want op zekere dag, wanneer je volkomen leeg en zo diepgaand wanhopig bent, dat je uit je hart geen enkele spontane uiting of spontane verwoording meer te voorschijn kunt roepen, dan zal je ontdekken dat deze woorden naar boven borrelen en zichzelf bij je aandienen als een gave van God, als een gave van de Kerk, als een gave van heiligheid, als hulp voor ons gewone gebrek aan kracht. En dan heb je werkelijk de gebeden nodig die je geleerd en jezelf eigen gemaakt hebt.

In de Orthodoxe Kerk hebben we ochtend- en avondgebeden, die over het algemeen langer zijn dan die welke in het Westen worden gebruikt. Het zou ongeveer een half uur in beslag nemen in de morgen en een half uur in de avond om deze gebeden te doen. Men zou kunnen proberen deze gebeden uit het hoofd te leren om op andere momenten daaruit te kunnen putten. Maar het is niet genoeg om alleen maar gebeden uit het hoofd te leren. Een gebed heeft alleen maar zin als men ernaar leeft. Alleen als ze worden 'geleefd', alleen als gebed en leven volkomen op elkaar betrokken zijn, worden onze gebeden zoiets als fraaie madrigalen, die je God aanbiedt op ogenblikken dat je voor Hem tijd vrijmaakt.

Als je gedurende je ochtendgebed een bepaalde tekst hebt uitgesproken, dan moet je in de loop van de dag leven in overeenstemming met die tekst. En ik denk dat je, naast het leren van zoveel mogelijk betekenisvolle passages, er een gewoonte van moet maken om als je een tekst hebt ontdekt die er voor jou toe doet – bij het lezen van het Evangelie, of meer in het algemeen bij het lezen van het Nieuw of Oude Testament, of bij het bidden van liturgische teksten – je die in de loop van de dag meedogenloos in de praktijk moet brengen, zo lang als je dat kan volhouden. Misschien denk je wel dat je in staat bent om naar zo'n uitgekozen tekst de gehele verdere dag te leven. Maar dat is buitengewoon moeilijk. Als je een uur lang vast kan houden aan één zin van een gebed zonder van die regel af te wijken, dan mag je blij zijn; maar doe het! Zeg: 'ik heb dit gebed gedaan, mijn hart is bereid, o Heer, mijn hart is bereid, voor een half uur zal ik ervoor zorgen dat mijn hart voor God open is en bereid om Zijn wil te doen.' Een half uur, niet meer, geef jezelf dan rust en ga over tot iets anders. Want als je aan één enkele zin die veeleisend en moeilijk is probeert vast te houden, dan zal je uiteindelijk gewoon tegen jezelf zeggen: 'ik kan het niet meer,' en het zal erop uitlopen dat je helemaal niets meer doet. Maar als je zegt 'Ik heb drie of vier of vijf zinnen als kernuitspraken voor de dag, en ik zal proberen ze in de praktijk te brengen vanaf het moment dat ik ze gebeden heb tot 10 uur 's morgens, dan zal ik overgaan naar de volgende tekst, en daarna weer naar de volgende', dan zal je zien dat al die gebeden, alle gedachten en gevoelens die de heiligen in hun gebeden tot uitdrukking gebracht hebben, geleidelijk aan in jou tot leven komen. Ze beginnen diep in je wil door te dringen en deze wil samen met je lichaam vorm te geven, omdat je juist met je lichaam de geboden in praktijk moet brengen.

Maar je zegt misschien: 'Ik voel me niet sterk aangesproken door deze woorden.' Als die woorden een fundamentele overtuiging uitdrukken, maar het spreekt op dit ogenblik niet tot je gevoel, wend je dan berouwvol tot God en zeg Hem: 'Dit is de basis van mijn christelijke geloof, en zie eens, het zegt me helemaal niets.' Dan ontdek je misschien van daaruit dat je plotseling begonnen bent je te uiten in spontaan gebed. Je kunt God je droefheid, je ellende, je walging van jezelf voorleggen en je komt dan weer terug met de vaste wil om God de waarheid te zeggen en dat jouw wil verenigd wordt met Zijn wil.

Een laatste manier waarop we kunnen bidden is het gebruik, meer of minder continu, van een gebed met de mond dat als achtergrond dient, als wandelstok, gedurende de dag en gedurende het leven. Wat ik nu in gedachten heb, is iets wat speciaal door Orthodoxen wordt gebruikt. Het is wat wij het 'Jezusgebed' noemen, een gebed dat is geconcentreerd op de naam van Jezus. 'Heer Jezus Christus, Zoon van God, ontferm u over mij zondaar'[5]. Dit gebed wordt beoefend door monniken en monialen, maar het wordt ook gepraktiseerd door onze gelovige leken. Het is een stabiliserend gebed, omdat het niet discursief is – we bewegen ons niet van de ene gedachte naar de andere – het is een gebed dat ons rechtstreeks voor God plaatst met behulp van een belijdenis van ons geloof met betrekking tot Hem, en tevens zegt het iets over een situatie met betrekking tot onszelf. Het is een geloofsbelijdenis, die naar de opvatting van de meeste Orthodoxe asceten en mystici het hele Evangelie beknopt samenvat. We belijden het Koningschap van Christus, Zijn soeverein recht over ons, het feit dat Hij onze Heer en God is. En dat houdt in dat heel ons leven in Zijn wil vervat ligt en dat wij ons aan Zijn wil toevertrouwen en aan niets anders. Dan is er de Naam van 'Jezus', waarin wij de werkelijkheid van de Menswording belijden en alles wat met de Menswording samenhangt. In Christus namelijk zien wij het Mensgeworden Woord van God in de lijn van het Oude en het Nieuwe Testament, de Gezalfde van Jahweh. Dan komt de volmaakte belijdenis van het geloof in wat Hij is – de Zoon van God. Dit is niet alleen een belijdenis van geloof in

Jezus Christus, maar het geeft ons ook toegang tot de weg van de Drievuldigheid, omdat Hij de Zoon van de Vader is, en niemand kan in de profeet van Galilea de Mensgeworden Zoon van God erkennen, tenzij de Heilige Geest hem dit leert zien en begrijpen[6] en zich aan Hem toe te vertrouwen. Zo hebben we dan hier de vierde geloofsbelijdenis, die het ons mogelijk maakt voor het aanschijn van God te staan in waarheid en Hem in de geest te belijden[7]. En tenslotte 'Ontferm u over ons'. 'Ontferm u' is de Nederlandse vertaling van het woord 'eleison'. Als je het 'Kyrie eleison' bidt, gebruik je Griekse woorden die betekenen: 'Heer, ontferm u'.

Waarom ik zo de nadruk leg op deze woorden die we bij ons bidden gebruiken is dat, in tegenstelling tot de oude talen, de woorden in alle moderne talen een gespecialiseerde en vernauwde betekenis hebben gekregen. Heel dikwijls gebruiken we woorden van ons gebed die buitengewoon rijk zijn, maar ons ontgaat de diepte van wat wij zeggen, omdat we de woorden nemen voor wat ze betekenen in ons gewone taalgebruik, terwijl ze een diepe weerklank zouden kunnen hebben in ons hart, als we ze in verband konden brengen met andere dingen die we kennen.

Ik zou u hiervan graag een voorbeeld geven, dat classici wellicht schokt wegens de twijfelachtige filologie die eraan ten grondslag ligt. Maar omdat het gebaseerd is op een woordspeling die eeuwen geleden gemaakt is door de Griekse geestelijke vaders, die hun taal kenden en niet terugschrokken voor een woordspeling, wil ik er ook mijn voordeel mee doen. De meesten van ons gebruiken wel eens de woorden 'Kyrie eleison', of 'Heer ontferm u' op bepaalde momenten van hun leven. Op zijn minst weten we dat die woorden bestaan, en we weten bij benadering wat er mee bedoeld wordt. In elk geval is het een smeekbede tot God om genade, om medeleven, om warmte van hart. Het punt nu waar de classicus het misschien niet met mij en de Griekse vaders eens is, is dat sommigen van hen 'eleison' afleiden van dezelfde wortel als de Griekse woorden voor 'olijfboom', 'olijf' en 'olijfolie'. Maar laten wij de discussie liever over aan de geleerden en laat ons eens kijken wat ons vanuit het oogpunt van de Schrift meegedeeld wordt. Als wij zeggen 'Kyrie eleison', dan stellen we ons misschien tevreden met de betekenis dat het een algemene smeekbede om Gods genade is. In dat geval zal het ons geen voldoening geven, omdat we niet heel ons leven in dit 'Heer ontferm u' kunnen leggen. En bovendien, de woorden zelf betekenen niet zoveel in ons gewone taalgebruik. Maar denk je aan de olijfboom, aan de olijf in het Oude en Nieuwe Testament, dan krijg je het volgende beeld: de eerste keer dat over de olijf en het twijgje van de olijfboom gesproken wordt, is aan het einde van de Zondvloed, als de twijg door de duif bij Noach wordt gebracht[8]. (Is het dezelfde duif die boven Christus zweefde op de dag van Zijn doop?)[9]. Deze olijftak betekent dat de toorn Gods ten einde is gekomen, dat overvloedig vergeving wordt gegeven, dat er in de tijd die voor ons ligt nieuwe mogelijkheden voor ons opengaan. Dit is de eerste situatie. We kunnen evenwel niet altijd deze weg volgen, omdat het niet genoeg is alleen maar tijd te hebben en nieuwe opengestelde mogelijkheden, als we ziek van hart zijn, als onze wil gebroken is, of als we incapabel van geest of lichaam zijn ofwel om te onderscheiden waar het pad is, ofwel om het te volgen. We hebben genezing nodig. Herinner je dan de olie die de Barmhartige Samaritaan uitgoot over de wonden van de man die in handen van rovers was gevallen[10]. De genezende kracht van God zal het mogelijk maken om ons voordeel te doen met het wegtrekken van zijn toorn, met de gave van de vergeving, en met de gave van tijd en ruimte en eeuwigheid.

Een ander beeld is dat van het zalven van priesters en koningen; zij werden uit het volk van Israël geroepen om op de drempel te staan tussen de goddelijke wereld en de menselijke wereld, tussen de eenheid en harmonie van de wil van God en de diversiteit en complexiteit – om niet te zeggen de spanningen en tegenstellingen – van de menselijke wereld. Om op die plaats te kunnen staan heeft de mens meer nodig dan menselijke bekwaamheid; hij heeft goddelijke hulp nodig. Dit werd verzinnebeeld door de zalving die zowel aan priesters als koningen werd voltrokken. Maar in het Nieuwe Testament zijn wij allen priesters en koningen[11] en onze roeping als mens en als Christen gaat uit boven wat een mens tot stand kan brengen. We zijn geroepen om levende lidmaten te zijn van het Lichaam van Christus, tempels op een bodem die zuiver en waardig is voor de Heilige Geest, en om deel te hebben aan de goddelijke natuur[12]. Dit alles gaat onze eigen menselijke vermogens te boven, en toch moeten we ten volle menselijk zijn, op de diepzinnige manier waarop een Christen denkt over menselijkheid naar het beeld van de Mensgeworden Zoon van God. Om dit te verwerkelijken hebben we de genade en de hulp van God nodig. Dit alles wordt ons getoond in hetzelfde beeld.

Welnu, als we met dezelfde eenvoud zouden nadenken – er is slechts een woordenboek, een Bijbel en wat nadenken nodig – en als we zo simpel en direct zouden denken over de andere woorden die we in gebed gebruiken, dan zouden ze opzienbarend groeien in intellectuele rijkdom. Dan zouden we meer aandacht kunnen geven aan wat we zeggen, en ons gebed zou niet bestaan uit enkel lege woorden of woorden die slechts het symbool zijn van iets waarvan de eigenlijke betekenis verloren is gegaan. Voordat we zeiden 'Kyrie eleison' – 'Heer ontferm u over mij, Heer toon mij uw medeleven, Heer stort uw liefde en tederheid over mij uit' – zouden we gedacht hebben over de situatie waar wij ons in bevinden. Zijn we gevallen tot onze diepste diepte? Staan we tegenover oneindige mogelijkheden, en zijn we tegelijkertijd niet in staat om ook maar één daarvan te realiseren omdat we zo diep gewond zijn? Zijn we genezen, maar toch geconfronteerd met een roeping zo verheven, dat we ons heel klein voelen als we daar aan denken, omdat het boven ons uit gaat? Toch kan het worden volbracht, als God er ons maar de kracht toe verleent om het te doen. Dit veronderstelt een weloverwogen gebruik van woorden. Het houdt ook in dat we die woorden zo gebruiken dat ze deel gaan uitmaken van onze gevoelens en wij daar omheen al de intensiteit en diepte van ons persoonlijk leven samenbrengen en samenvoegen. Maar als de woorden die we gebruiken niet tot werkelijkheid zijn geworden in onze manier van leven, dan zullen ze nog steeds betekenisloos blijven en nergens heen leiden. Want dan zullen ze als een boog zijn waarmee we niet kunnen schieten bij gebrek aan een pees. Het is volkomen zinloos om God iets te vragen waartoe wij zelf niet bereid zijn om dat te doen. Als wij zeggen: 'God, bevrijd mij van die of die beproeving' terwijl we tegelijkertijd iedere mogelijke gelegenheid opzoeken om juist in die beproeving te vallen, in de hoop nu dat God de zaak onder controle houdt en Hij ons eruit zal helpen, dan maken we niet veel kans om stand te houden. God geeft ons kracht maar wij moeten die gebruiken. Als wij in ons gebed vragen dat God ons de kracht geeft om iets te doen in Zijn Naam, dan vragen wij *niet* aan Hem om het *in onze plaats* te doen, omdat wij te zwak zijn om de wil op te brengen het zelf te doen.

De levens van de heiligen zijn in dit opzicht verhelderend. In het leven van de H. Philippus Neri wordt precies zo'n voorval beschreven. Philippus was een opvliegend man met wie je het snel aan de stok kreeg, iemand met hevige woedeuitbarstingen die natuurlijk ook hevige uitbarstingen moest verduren van de kant van zijn broeders. Op een keer voelde hij dat dit niet langer zo door kon gaan. Of dat nu deugd was of dat hij zijn broeders niet langer kon verdragen, dat vertelt zijn *Leven* [Vita] niet. Een feit is dat hij naar de kerk snelde, neerviel voor een beeld van Christus en Hem smeekte om hem van zijn woedeaanvallen te bevrijden. Daarna ging hij naar buiten, vol goede moed. De eerste die hij tegenkwam was een van de broeders die bij hem nog nooit de kleinste ergernis had opgewekt, maar voor de eerste keer in zijn leven was deze broeder hinderlijk en onaangenaam tegenover hem. Toen barste Philippus uit in woede en liep razend weg, waarbij hij een andere broeder tegen kwam die voor hem altijd een bron van troost en geluk was geweest. Maar zelfs deze man antwoordde hem nogal nors. Daarop snelde Philippus terug naar de kerk, wierp zich neer voor het beeld van Christus en zei: 'Heer, heb ik U niet gevraagd mij te bevrijden van deze woedeaanvallen?' En de Heer antwoordde: 'Zeker, Philippus, en om die reden ben ik voor jou de gelegenheden gaan vermeenvuldigen om dat te leren.'

Ik denk dat het heel belangrijk voor ons is om te realiseren dat God op deze manier zal handelen. Hij laat zich niet iedere dag opnieuw voor jou kruisigen. Er komt een tijd dat je je eigen kruis moet opnemen[13]. Ieder van ons moet zijn eigen kruis op zich nemen, en als wij in onze gebeden iets vragen, dan houdt dat in dat wij ons daarvoor inzetten met geheel onze sterkte, geheel ons begripsvermogen en geheel ons enthousiasme dat we in onze daden kunnen leggen, en met alle moed en energie waarover we beschikken. Bovendien doen we het met alle kracht die God ons zal geven. Als we dat niet doen, dan verspillen we onze tijd met bidden. Dit houdt in dat de woorden 'Kyrie eleison', of welke vergelijkbare formule we ook gebruiken, tot onszelf gericht moeten zijn. Onze geest moet gevormd en gemodelleerd worden naar die woorden, ermee gevuld en in harmonie gebracht. Ons hart moet ze met volle overtuiging aanvaarden en we moeten er met alle kracht waartoe we in staat zijn uitdrukking aan geven; onze wil moet ze aangrijpen en tot daden omvormen. Daarom ook zouden gebed en daad twee manieren van uitdrukking moeten worden van dezelfde situatie ten aanzien van God, van onszelf en van alles om ons heen. Als dat niet het geval is, dan verspillen we onze tijd. Wat heeft het voor zin om God onze moeilijkheden voor te leggen, als wij, terwijl Hij ons kracht geeft om ze te bestrijden, rustig gaan zitten wachten tot Hij het voor ons doet. Wat heeft het voor zin om woorden te herhalen die zo zijn uitgehold, zo betekenisloos zijn geworden, dat ze als het ware niet méér zijn dan een spinragje tussen onszelf en God?

Kies daarom de juiste woorden, maak een keuze en richt er dan je volle aandacht op, want het zijn woorden van waarheid, die God zal horen, omdat ze echt zijn. Leg er je gehele hart in. Breng deze woorden zo tot leven met intellectueel bewustzijn, omdat ze waar zijn, en laat ze dan doordringen tot de diepste diepte van je hart.

Woorden van gebed zijn altijd woorden van betrokkenheid. Je kunt de woorden van een gebed niet zomaar uitspreken zonder gevolg: 'Als ik dit zeg, dan zal ik dat ook doen, als ik daartoe de gelegenheid krijg.' Als je tot God zegt: 'Tegen elke prijs, o Heer, red mij tegen elke prijs', dan moet je bedenken dat je je gehele wil erin gelegd hebt; want op zekere dag zal God zeggen: 'Dit is de prijs die betaald moet worden.' De oude schrijvers zeiden: 'Geef je bloed, dan zal God je de Geest geven!' Dat is de prijs. Geef alles op, dan zal je de hemel ontvangen; geef je verslaving op, dan zal je vrijheid verwerven. Als je wil al betrokken is, niet alleen in de handeling van bidden, maar ook in alle consequenties van het bidden, dan moet ook je lichaam dat zijn, want een menselijk wezen is niet zomaar een ziel die zich voor een tijdje in een lichaam bevindt. Het is een wezen dat lichaam en ziel is, een uniek wezen dat Mens is.

Er moet een lichamelijke inspanning gedaan worden bij het bidden, de fysieke aandacht, de fysieke manier waarop men bidt. Vasten, voor als het eten je te zwaar gemaakt heeft om te bidden, hoort daar ook bij. Als je dat doet, zal je aan de deur kloppen.

Welnu, als wij naar binnen willen gaan met behulp van al deze woorden, om dieper en dieper te boren, op de manier waarop men iets probeert omhoog te boren uit de diepte van de aarde, dan moeten we een zeker risico nemen, en dit risico is dat 'naar binnen gaan' erg moeilijk is. Het klinkt simpel. We nemen allemaal aan dat wij diepgang hebben en dat hoe dieper we gaan, des te mooier het zal zijn. Maar zo simpel is het in feite niet. Zeker, als we eenmaal tot een bepaalde diepte gekomen zijn is dat prima, maar als we op weg zijn lijkt het veel op de verhalen over de zoektocht naar de Graal. Onderweg krijgen we met allerlei soorten monsters te maken; en die monsters zijn geen duivels, het zijn niet onze buren, we blijken het zelf zijn. Dit maakt dat de weerzin des te groter is en heel wat moeilijker om te doen.

In het algemeen zijn het begeerte, angst en nieuwsgierigheid die ons leven uiterlijk maakt. Een Franse geleerde, die in Amerika werkte, Alexis Carrel, zegt in een boek genaamd *De onbekende mens*, dat als je je afvraagt waar de menselijke persoonlijkheid eindigt, je zal zien dat de tong van een begerig mens is uitgestoken als tentakels naar alle eetbare dingen van de wereld; dat de ogen van een nieuwsgierig mens zijn als tentakels, vooruitgestoken en vastgehecht aan alles om hem heen; dat de oren van een luistervink lang en wijd zijn geworden en open staan naar de verre wijde omgeving.

DE WEG NAAR BINNEN

Als je jezelf op deze manier zou kunnen uittekenen, dan zou je opmerken dat er maar een bijzonder klein gedeelte van jezelf binnenin is achtergebleven, want alles is naar buiten gericht. Dus het eerste wat iemand moet doen is zijn tentakels losmaken en intrekken. Je kunt de weg naar binnen niet ingaan als je volkomen naar buiten toe gekeerd bent.

Doe een proef en je zal zien dat je een aantal andere nuttige dingen al doende zal ontdekken. Tracht tijd te vinden om alleen met jezelf te zijn: doe de deur dicht en ga zitten in je kamer op een moment dat je niets anders te doen hebt. Zeg 'Nu ben ik met mezelf,' en ga dan ook werkelijk zitten met jezelf. Na een verbazingwekkend korte tijd zal je hoogstwaarschijnlijk verveling voelen opkomen. Dit leert ons iets heel nuttigs. Het geeft inzicht in het feit dat als wij ons al zo gaan voelen na tien minuten alleen met onszelf geweest te zijn, het geen wonder is dat anderen zich eveneens verveeld zouden kunnen gaan voelen! Waarom is dit zo? Dit is zo, omdat we zo weinig hebben aan te bieden aan onszelf als voedsel voor ons denken, voor ons gemoed, voor ons leven. Als je nauwkeurig nagaat hoe je leeft, dan zal je spoedig ontdekken dat we haast nooit van binnenuit naar buiten toe leven; in plaats daarvan reageren we op de ene prikkel na de andere. Met andere woorden, we leven door middel van reflexen en reacties. Er gebeurt iets en wij reageren er op; iemand zegt iets en wij geven antwoord. Maar wanneer wij alleen gelaten worden zonder iets dat ons stimuleert om te denken, te spreken of te handelen, dan beseffen we dat er maar heel weinig in ons is dat ons tot actie aanzet in welke richting dan ook. Dit is werkelijk een zeer dramatische ontdekking. We zijn volkomen leeg, we handelen niet vanuit ons innerlijk, maar accepteren een leven dat ons in feite van buitenaf wordt opgedrongen; we zijn er aan gewend geraakt dat de dingen die gebeuren ons dwingen om andere dingen te doen. Hoe zelden kunnen we eenvoudigweg leven vanuit de diepte en de rijkdom die we, naar we aannemen, in ons binnenste bezitten.

In Dickens' *Pickwick Papers* komt een passage voor die een zeer goede beschrijving geeft van mijn leven en waarschijnlijk ook van uw leven. Pickwick gaat naar de club. Hij huurt een rijtuig en onderweg stelt hij onnoemelijk veel vragen. Onder deze vragen is er ook de volgende: 'Zeg eens, hoe is het mogelijk dat zo'n slecht en miserabel paard zo'n grote en zware koets kan trekken?' De koetsier antwoordt: 'Dat ligt niet aan het paard, meneer, dat zit hem in de wielen.' Meneer Pickwick zegt: 'Wat bedoelt u?' De koetsier antwoordt: 'Ziet u, we hebben een prachtig stel wielen, die zo goed gesmeerd zijn, dat het paard maar een heel klein beetje hoeft aan te zetten om de wielen aan het draaien te brengen, en dan moet het arme paard draven voor zijn leven.' Vergelijk daarmee de manier waarop wij meestal leven. Wij zijn niet het paard dat trekt, wij zijn het paard dat voor de koets uitdraaft uit angst voor zijn leven.

We weten eenvoudig niet wat te doen als we niet van buitenaf worden aangedreven. Zo ontdekken we dat we niet weten wat we met onszelf aanmoeten. En dan beginnen we ons hoe langer hoe meer te vervelen. Daarom moeten we vóór alles leren met onszelf te zijn en de verveling onder ogen te zien, en daaruit alle mogelijke conclusies trekken. Na een tijdje wordt dit erger dan verveling, omdat we ons niet gewoonweg vervelen op een manier die ons toestaat te zeggen: 'Ik ben actief aangelegd, ik wil nuttig zijn voor mijn naasten. Ik doe altijd goed, voor mij is een situatie van afwachten waarin ik niets kan doen voor een ander, een ware beproeving.' We beginnen iets anders te ontdekken. We vervelen ons als we proberen uit die verveling los te komen door naar binnen te keren om te zien of daar iets is dat er een eind aan kan maken. Zeer spoedig ontdekken we dat er niets is, aangezien we over alles waarover we kunnen nadenken al tientallen keren hebben gedacht. Het hele scala aan gevoelens dat we hebben opgeslagen is daar als een piano die we hebben dichtgedaan, omdat we van een piano niet gewend zijn dat hij uit zichzelf speelt. We hebben iemand anders nodig om de toetsen te bespelen. Wij zijn er niet aan gewend om niets te doen, en daarom gaat het ons hinderen en kan het ons brengen tot angst. Als je de Woestijnvaders leest, die daar veel ervaring mee hadden, of de monniken die hun leven doorbrachten in kloosters, zal je zien dat er ogenblikken waren dat ze gewoonweg uit hun cel wegvluchtten, om hulp roepend, trachtend iets of iemand te ontmoeten, wie ze ook maar konden vinden. De duivel zelf zou hun liever geweest zijn dan deze leegte van zelfbeschouwing. Een geestelijk schrijver, Theophan de Kluizenaar, zegt: 'De meeste mensen zijn als een houtkrul die om zijn eigen leegheid gedraaid zit.' Als we echt eerlijk durven zijn dan moeten we toegeven dat dit een zeer rake beschrijving is van hoe het er met praktisch ieder van ons bijstaat. Dan moeten we in staat zijn tegen deze angst te vechten en te zeggen: 'Nee, ik wil het uithouden en komen tot het punt waar de angst zelf me zal dwingen te doen, waartoe de goede wil niet in staat is.' Inderdaad, er komt een ogenblik van wanhoop, van angst en radeloosheid, dat ons nog dieper doet inkeren en uitroepen: 'Heer, ontferm u! Ik ga ten gronde, Heer red mij!' We ontdekken dat er niets in ons is dat leven kan geven, of liever: dat leven is; dat alles wat we leven noemden en wat we voor leven hielden, buiten was en dat er binnenin niets was.

Dan kijken we in de afgrond van het niets en voelen we dat, hoe dieper we daarin afdalen, hoe minder er van ons zal overblijven. Dit is een gevaarlijk moment; dit is het moment dat we moeten oppassen.

Op dit punt hebben we de eerste laag van diepte bereikt, waar we in staat zijn om aan een deur aan te kloppen. Want op het niveau waarop we nog aan het uitrusten waren van onze naaste, voordat we ons verveeld voelden, op het niveau waarop we simpelweg verveeld worden en ons verongelijkt voelen dat we iets zouden moeten, op het niveau waarop we onrustig beginnen te worden en te piekeren, en ons dan lichtelijk angstig beginnen te voelen, we vooralsnog geen reden hebben om luid te roepen of te schreeuwen vanuit een wanhoop die onze gehele geest, ons gehele hart, onze gehele wil en geheel ons lichaam absorbeert, vanuit een gevoel dat, tenzij God komt, ik verloren ben, er geen hoop is. Want ik weet dat als ik omhoog klim uit deze diepte, dat ik dan eenvoudig weer terug zal zijn in het bereik van mijn zelfbedrog, van bereflecteerd leven, maar niet het werkelijke leven.

Dit is het punt waarop we kunnen beginnen met aan te kloppen aan een deur, die wel nog steeds gesloten is, maar waar aan de andere kant hoop is, de hoop welke Bartimeüs, de blinde man aan de poorten van Jericho, voelde vanuit zijn uiterste wanhoop toen Christus voorbijging[14].

We weten uit de Evangeliën[15] dat Bartimeüs zich had neergezet aan de kant van de weg, dat hij volslagen blind was, alle geloof en hoop op menselijke hulp had verloren en zich had beperkt tot het bedelen voor zijn levensonderhoud, niet werkelijk hopend op naastenliefde [Eng. charity] (een woord dat 'liefdevol omvatten' betekent), maar op het soort naastenliefde dat erin bestaat dat men iemand munten toewerpt zonder hem ook maar te kennen. En op zekere dag hoorde deze man, die alle hoop had laten varen, die zich neergelegd had in het stof en bij zijn huidige blindheid, over een mens, een nieuwe profeet, die nu wonderen verrichtte door het gehele Heilige Land. Als hij ogen had gehad dan zou hij waarschijnlijk zijn opgesprongen en het hele land hebben doorkruist om Hem te vinden, maar hij kon met geen mogelijkheid met deze rondreizende wonderdoener gelijke tred houden. Dus bleef hij waar hij was, en de aanwezigheid van iemand die hem mogelijk zou kunnen genezen, moet zijn wanhoop nog veel groter en nog schrijnender hebben gemaakt. En op zekere dag hoorde hij een menigte mensen voorbijtrekken, een menigte die anders klonk dan andere menigtes. Waarschijnlijk was, zoals bij blinden wel vaker voorkomt, het zintuig van zijn gehoor scherper ontwikkeld en had hij een gevoeligheid groter dan wij hebben, want hij vroeg: 'Wie is dat, die daar voorbij komt?' En men vertelde hem: 'Jezus van Nazareth.' Toen stond hij op het kruispunt van uiterste wanhoop en uiterste hoop. Uiterste hoop omdat Christus voorbijging binnen zijn bereik, maar op de achtergrond de dreigende wanhoop, want enkele passen zouden Hem dichtbij Bartimeüs brengen en nog enkele passen en Hij zou voorbij zijn en waarschijnlijk nooit meer voorbij komen. En vanuit deze radeloze hoop begon hij te roepen en te schreeuwen: 'Jezus, zoon van David, ontferm u over mij.' Het was een volmaakte belijdenis van geloof. En op dat ogenblik kon hij, omdat zijn wanhoop zo diep was, zo'n gedurfde hoop oproepen om genezen te worden, om gered en geheeld te worden. En Christus hoorde hem.

Er is een graad van wanhoop die grenst aan totale, volmaakte hoop. Dit is het punt waarop wij, als we de weg naar binnen ingegaan zijn, in staat zullen zijn te bidden. En dan is 'Heer, ontferm u' zeker genoeg. Het is niet nodig om een van die uitgewerkte redevoeringen op te stellen die je in gebedenboeken vindt. Het is voldoende om eenvoudig in wanhoop uit te roepen 'Help!' en je zal gehoord worden.

Heel dikwijls ontbreekt er voldoende intensiteit in ons gebed, voldoende overtuiging, voldoende geloof, omdat onze wanhoop niet diep genoeg is. We willen God naast zoveel andere dingen die we hebben, we willen Zijn hulp, maar tegelijkertijd proberen we hulp te krijgen van waar we ook maar kunnen. En we houden God achter de hand voor geval van nood. Wij richten ons tot de vorsten en mensenkinderen, en zeggen: 'God, geef hun de kracht om dit voor mij te doen.' Maar zelden keren wij ons af van die vorsten en mensenkinderen en zeggen we: 'Ik zal niemand om hulp vragen, ik zou liever Uw hulp willen hebben.' Als onze wanhoop vanuit voldoende diepte komt, als hetgeen waar we om vragen, waar we om schreeuwen, zo wezenlijk is dat het al de noden van ons leven samenvat, dan vinden we woorden om te bidden en zullen we in staat zijn tot de kern van het gebed te komen, de ontmoeting met God.

En nu iets meer over onrust. Het verband hier is ook weer Bartimeüs. Hij schreeuwde, maar wat zegt het Evangelie over al degenen om hem heen? Zij probeerden hem het zwijgen op te leggen, en we kunnen ons een voorstelling vormen van alle vrome lieden die Christus omringen, met prima zicht, met gave ledematen en goede gezondheid, pratend over verheven zaken, over het komende Rijk en over de geheimen van de Schrift. Ze zullen zich wel naar Bartimeüs gekeerd hebben met de woorden: 'Zeg, kun je je niet rustig houden? Wat doen die ogen, die ogen van jou ter zake als het over God gaat?' Bartimeüs was zo iemand die uit de toon valt, hij verstoort de goede orde, zoals iemand die terwijl er een of andere plechtigheid aan de gang is, met de moed der wanhoop God smeekt om iets wat voor hem van belang is. Zo iemand zou onmiddellijk verwijderd en tot zwijgen gebracht worden. Maar het Evangelie zegt ook dat hij, ondanks al deze mensen die hem probeerden de mond te snoeren, volhield, zo belangrijk was het voor hem. Hoe meer ze hem probeerden het zwijgen op te leggen, des te harder schreeuwde hij.

De boodschap hiervan is deze. Er is een Griekse heilige, Maxim genaamd, die als jonge man op zekere dag naar de kerk ging en daar de lezing uit het Epistelboek (Apostolos) hoorde, waarin gezegd wordt dat we zonder ophouden moeten bidden[16]. Het trof hem dermate dat hij dacht dat hem niets anders te doen stond dan dit gebod ten uitvoer te brengen. Hij ging de kerk uit, trok de nabijgelegen bergen in en zette er zich toe aan om zonder onderbreking te bidden. Als een Griekse boer uit de vierde eeuw kende hij het Gebed des Heren (het Onze Vader)[17] en enkele andere gebeden. Deze begon hij, zoals hij ons meedeelt, te reciteren, telkens en telkens weer opnieuw. Dat gaf hem een goed gevoel. Hij was in gebed, hij was met God, hij voelde zich verheven, alles scheen volmaakt, behalve dat de zon geleidelijk begon te zakken en het kouder en donkerder werd. En naarmate het donkerder werd, hoorde hij allerlei hinderlijke geluiden – krakende takken onder de poten van wilde dieren, fonkelende ogen, geluiden van kleinere dieren die door grotere dieren gedood werden, enzovoort. Toen bekroop hem het gevoel dat hij werkelijk alleen was, een klein, onbeschermd wezentje in een wereld van gevaar, dood en doodslag, en dat hij geen hulp zou krijgen als God hem die niet zou geven. Hij ging niet langer door met het opzeggen van het Gebed des Heren en de Geloofsbelijdenis; hij deed precies wat Bartimeüs deed, hij begon luid te roepen 'Heer Jezus Christus, Zoon van God, ontferm u over mij'. En zo riep hij de hele nacht, want de beesten en de fonkelende ogen gaven hem geen rust om te gaan slapen. Toen de morgen kwam dacht hij, want alle dieren hadden zich ter ruste gelegd, 'Nu kan ik bidden', maar toen begon hij honger te krijgen. Hij dacht wat bessen te gaan plukken en liep in de richting van een struik, maar realiseerde zich dat al die fonkelende ogen en wrede klauwen ergens in de struiken verborgen moesten zitten. Zo begon hij heel voorzichtig zijn weg te banen en bij iedere stap zei hij: 'Heer Jezus Christus, red mij, help mij, help me, red mij. O God, help mij, bescherm mij', en voor iedere bes die hij verzamelde had hij zeker herhaaldelijk gebeden.

De tijd verstreek en vele jaren later ontmoette hij een heel oude en beproefd asceet, die hem vroeg hoe hij geleerd had om ononderbroken te bidden. Maxim zei, 'Ik denk dat het de duivel is die het me geleerd heeft om ononderbroken te bidden.' De andere man zei: 'Ik denk dat ik begrijp wat u bedoelt, maar ik zou er graag zeker van zijn dat ik u op een juiste manier begrijp'. Maxim legde uit hoe hij geleidelijk aan alle geluiden en gevaren van de dag en van de nacht gewend was geraakt. Maar toen overvielen hem de bekoringen, bekoringen van het vlees, bekoringen van de geest, van gevoelens, en later nog heviger aanvallen van de duivel. Daarna was er geen ogenblik meer overdag of 's nachts dat hij niet tot God uitriep: 'Ontferm u over mij, ontferm u over mij, help, help, help'. Toen op een dag, na veertien jaar zo geleefd te hebben, verscheen de Heer aan hem; en op het moment dat de Heer aan hem verscheen, kwam er stilte, vrede en kalmte over hem. Er was geen vrees overgebleven – noch voor het donker of de struiken, noch angst voor de duivel – de Heer had het van hem afgenomen. 'Toen eindelijk' zei Maxim, 'had ik geleerd dat, tenzij de Heer zelf komt, ik hopeloos en volslagen hulpeloos ben. Zo ging ik, ook al was ik kalm, vredig en gelukkig, verder met bidden, "Heer Jezus Christus, Zoon van God, ontferm u over mij"', omdat hij wist dat alleen in de goddelijke genade er enige vrede van hart, vrede van geest, stilte van lichaam en juistheid van wil was.

En zo leerde Maxim bidden, niet ondanks de onrust, maar omdat de onrust een reëel gevaar was. Als wij ons ervan bewust zouden zijn dat wij ons in een nog veel groter gevaar bevinden, dat de duivel op de loer ligt en ons probeert te grijpen en te verwoesten! Iedere menselijke ontmoeting is een oordeel, is een crisis, is een situatie waarin we geroepen worden om Christus te ontvangen of om Christus' boodschapper te zijn voor degene die we ontmoeten. Indien we ons zouden realiseren dat het gehele leven deze intense betekenis heeft, dan zouden we ook in staat zijn luid te roepen en ononderbroken te bidden. De onrust zou dan ook geen hinderpaal zijn, maar juist de voorwaarde die ons leert bidden, zolang we nog té onervaren zijn om te kunnen bidden vanuit de diepte, zonder enkele aansporing, zonder enige uiterlijke prikkel tot gebed.

Wanneer we van bidden niets afweten, als we nog nooit gebeden hebben in ons leven of niet genoeg, hoe kunnen we dan leren bidden in de levensomstandigheden die de onze zijn? Ik heb daar ervaring mee opgedaan in heel verschillende situaties, in de jaren dat ik als arts werkzaam was, vijf jaar tijdens de oorlog, toen als priester, enzovoort; en het werkt. Het werkt als je eenvoudig genoeg bent om het te doen. Het werkt op de volgende manier.

Nadat je 's morgens wakker bent geworden, is het eerste wat je doet God daarvoor danken, ook als je niet bijzonder gelukkig bent met de dag die voor je ligt. 'Deze dag die de Heer heeft gemaakt, laat ons erin verheugen en er dankbaar voor zijn'[18]. Dit eenmaal gedaan hebbende, geef jezelf dan de tijd om de waarheid van wat je zegt tot je door te laten dringen zodat je het werkelijk meent – misschien op het niveau van pure overtuiging en niet wat men zou kunnen noemen opbeuring. Dan sta je op, je wast je, je knapt je op, je doet wat je te doen hebt, en dan keer je terug naar God. Keer terug naar God met twee overtuigingen. De ene is dat jij Gods eigendom bent en de andere is dat deze dag ook Gods eigendom is, deze dag is volstrekt nieuw, volstrekt fris.

Deze dag heeft hiervoor nooit bestaan. Om in Russische termen te spreken: het is als een wijdse uitgestrektheid van onbezoedelde sneeuw. Niemand heeft er nog een voetstap op gezet. Het is allemaal nog maagdelijk en ongerept wat voor je ligt. En dan, wat volgt er dan? Wat er volgt is dat je God vraagt om deze dag te zegenen, dat alles daarin door Hem zal worden gezegend en geleid. Daarna moet je het serieus nemen, want heel vaak zeggen we: 'God, zegen mij,' en na de zegen gekregen te hebben gedragen we ons als de verloren zoon – we pakken al onze spullen en gaan naar een vreemd land om er een losbandig leven te leiden[19].

Deze dag is gezegend door God, deze dag is Gods eigendom en laten wij er ons nu in begeven. Je stapt deze dag binnen als Gods eigen boodschapper; iedereen die je ontmoet, ontmoet je op Gods eigen manier. Je bent er om de aanwezigheid van de Heer God te zijn, de aanwezigheid van Christus, de aanwezigheid van de Geest, de aanwezigheid van het Evangelie – dat is je taak op deze bijzondere dag. God heeft nooit gezegd dat als je een situatie binnenstapt in Zijn Naam, Hij dan gekruisigd zal worden en dat jij de verrezene zal zijn. Je moet erop voorbereid zijn om je, in Gods Naam, in situaties te begeven, de een na de ander, op de wijze waarop de Zoon Gods dit gedaan heeft: in vernedering en nederigheid, in oprechtheid en bereid om vervolgd te worden, enzovoort. Wat we gewoonlijk verwachten wanneer we Gods geboden vervullen, is het terstond zien van een wonderbaarlijk resultaat – daar lezen we soms iets over in de heiligenlevens. Wanneer iemand ons bijvoorbeeld op de ene wang slaat, dan keren wij hem de andere toe[20], ofschoon wij er niet eens van uitgaan dat de ander werkelijk zal slaan, maar we verwachten dat hij zal zeggen: 'Wat een nederigheid!' – jij krijgt je loon en hij verwerft de redding van zijn ziel. Maar op die manier werkt het niet. Jij moet het gelag betalen en heel dikwijls komt de klap hard aan. Waar het op aan komt is dat je daar op voorbereid bent. Zoals wat die dag betreft - als je aanneemt dat hij door God werd gezegend, eigenhandig door Hem uitgekozen - dan is iedereen die je ontmoet een gave van God, en is ook iedere omstandigheid waarin je terecht komt een gave van God, of deze nu bitter is of zoet, of ze jou aangenaam is of niet. Het is Gods eigen gave voor jou en als je het zo opvat, dan kun je ook iedere situatie het hoofd bieden. Maar dan moet je die zo tegemoet treden dat alles kan gebeuren, of jij er nu blij mee bent of niet, en als je in de Naam van de Heer een dag doormaakt die fris en nieuw uit Zijn hand is gekomen en omwille van jou is gezegend om erin te leven, dan kun je je gebed en je leven werkelijk maken tot de twee beeldzijden van een munt. Je handelt en bidt als het ware in één adem, omdat al de situaties die elkaar opvolgen Gods zegen nodig hebben.

Een aantal jaren geleden sprak ik hierover in Taizé. Met een dertigtal jongens en meisjes die ik daar ontmoette, ben ik in correspondentie gebleven. Een van hen schreef me: 'Ik heb uw raad proberen op te volgen. Ik heb er mij met al mijn energie aan gewijd. Ik heb nog geen minuut voorbij laten gaan dat ik niet bezig was met bidden en handelen, bidden en handelen, en nu kan ik het woord Gods niet meer horen, ik kan dit soort gebed niet meer verdragen'. Ik antwoordde: 'Je hebt je buik ervan vol. Maar je had je gezonde verstand moeten gebruiken in je gebed, zoals je ook je gezonde verstand gebruikt in het leven. Je kunt niet, als je nog nooit gebeden hebt, beginnen met achttien uur van voortdurend dialoog en gebed tot God op deze manier, terwijl je met andere dingen bezig bent. Maar je kunt wel makkelijk een of twee momenten apart zetten en daar al je energie in leggen. Richt je ogen eenvoudig naar God, lach naar Hem en begin ermee. Er zijn momenten dat je tot God kan zeggen, 'Ik heb alleen wat rust nodig, ik heb niet de kracht om altijd bij U te zijn', hetgeen volstrekt waar is. Je bent nog steeds niet in staat om Gods gezelschap altijd te verdragen. Maar zeg dat gewoon. God weet dat allemaal heel best, wat je ook doet. Trek je terug, en zeg voor een ogenblik, 'Ik heb alleen maar wat rust nodig. Voor het moment aanvaard ik dat ik niet zo heilig ben'.

Op deze manier kunnen we even uitrusten en kijken naar de dingen, die ook Gods dingen zijn – bomen en gebouwen – en dan na een tijdje keren we naar Hem terug. Als we ononderbroken proberen te bidden, zullen we heel gauw verslagen zijn; maar als we op een verstandige manier de ogenblikken kiezen, dan kunnen we het.

Als je dat doet, dan zal je in staat zijn te bidden. Je kunt het experiment aangaan, maar vergeet niet bescheiden te zijn, want er is een zonde die de vaders van het geestelijk leven 'geestelijke gulzigheid' noemen. Deze bestaat hierin dat je hoe langer hoe meer van God wil hebben op een tijdstip dat je op dieet gezet zou moeten worden en dat juist een kleine hoeveelheid genoeg voor je zou zijn.

4
HET BEHEREN VAN TIJD

In het gespannen moderne leven dat wij leven, is het vraagstuk van het beheren van tijd uiterst belangrijk. Ik ga niet proberen je ervan te overtuigen dat je volop tijd hebt en kan bidden als je het maar wilde; ik wil spreken over het beheren van tijd temidden van de spanningen en de jachtigheid van het leven. Ik zal je iedere beschrijving besparen van de manier waarop iemand tijd kan vrijmaken: ik wil alleen zeggen dat als wij zouden proberen om slechts een beetje minder tijd te verspillen, er juist meer tijd zou overblijven. Als wij de kruimels van verspilde tijd zouden gebruiken voor korte momenten van overpeinzing en gebed, dan zouden wij kunnen ontdekken dat er heel wat van die momenten zijn. Als je denkt aan het aantal lege minuten per dag dat we zomaar iets zoeken om te doen, omdat we bang zijn voor de leegte en voor het alleen-zijn met onszelf, dan zul je beseffen dat er een groot aantal korte perioden zijn die tegelijkertijd zowel aan onszelf als aan God zouden kunnen toebehoren. Maar waar ik nu over zou willen spreken is iets waarvan ik denk dat het belangrijker is. Het is de manier waarop we de tijd kunnen beheersen en stopzetten. We kunnen alleen tot

God bidden als er een stabiele toestand en innerlijke vrede, van aangezicht tot aangezicht met God, tot stand is gekomen. Dat kan ons bevrijden van het tijdsbesef – niet van de objectieve tijd, van het soort die we klokken – maar van het gevoel van tijd in subjectieve zin, namelijk van tijd die gestadig voortsnelt en dat er geen tijd te verliezen is.

In de eerste plaats zou ik de aandacht willen vestigen op iets wat wij allemaal weten en waarover we met elkaar praten: dat het geen enkele zin heeft om achter tijd aan te jagen om hem te vangen. Tijd beweegt zich niet van ons af, maar komt ons tegemoet. Of je aandacht nu gericht is op de eerstvolgende minuut die op je afkomt, of dat je je daar helemaal niet bewust van bent, het komt sowieso je kant uit. De toekomst, wat je er ook aan doet, wordt vanzelf tegenwoordige tijd en het heeft daarom geen zin te proberen om vanuit het heden de toekomst in te springen. We hoeven er alleen maar op te wachten tot het zover is en in dat opzicht kunnen we uitstekend volkomen stabiel zijn en toch bewegen in de tijd, want het is de tijd zelf die beweegt. Je kent de situatie dat je in een auto zit of in een trein, waarbij je achterin zit, als je althans zelf niet rijdt, en uit het raam kijkt. Je kunt lezen, je kunt denken, je kunt je ontspannen, en toch beweegt de trein, en op zeker moment zal wat toekomst was, of het nu het eerstvolgende station is of het laatste station waarnaar je op weg bent, tegenwoordige tijd zijn geworden. Ik denk dat dit heel belangrijk is. De fout die we dikwijls met betrekking tot ons innerlijk leven maken, is dat we ons inbeelden dat als we ons haasten, we eerder onze toekomst zullen bereiken – een beetje zoals de man die van de laatste wagon van de trein naar de eerste rende in de hoop dat daardoor de afstand tussen Londen en Edinburgh korter zou worden. Als het over een dergelijk voorbeeld gaat, dan zien we hoe absurd het is, maar als we voortdurend een centimeter op ons leven vooruit proberen te zijn, dan zien we daar de absurditeit niet van in. Toch is het dat, wat ons tegenhoudt volledig in het tegenwoordige moment te zijn, waarvan ik durf te zeggen dat dit het enige moment is dát we kunnen zijn. Want zelfs als we denken dat wij vóór zijn op de tijd of vóór zijn op onszelf, dan zijn we er nog niet. Het enige is dat wij in haast leven, maar daarom bewegen wij ons nog niet sneller. Je moet dat meer dan eens gezien hebben. Iemand met twee zware koffers, die, in een poging de bus te halen – rent: hij is zo vlug als hij maar zijn kan, hij rent zo hard als zijn koffers hem toestaan, en hij tracht uit alle macht daar te zijn waar hij niet is.

Maar je weet ook wat er gebeurt als we op een vrije dag een wandeling gaan maken. We kunnen stevig, opgewekt en snel doorlopen, of, als we daar de juiste leeftijd en conditie voor hebben, kunnen we zelfs rennen, maar we voelen ons volstrekt niet gehaast, want wat er toe doet op dat moment is het rennen, niet het arriveren. Iets soortgelijks moeten we leren aangaande bidden – onszelf in het heden plaatsen. Gewoonlijk denken we en doen we alsof het heden een denkbeeldige lijn is, uiterst dun inderdaad, tussen het verleden en de toekomst. We rollen dan van het verleden in de toekomst, voortdurend die lijn passerend, precies zoals je een ei over een tafellaken kan rollen. Als je dit doet, dan is het voortdurend in beweging, het is nooit ergens op geen enkel moment; er is geen heden, want dat ligt altijd in de toekomst.

Niet iedereen is zo gelukkig om beslissende ervaringen te hebben gehad, 'onthullende situaties', die hem iets hebben geleerd. Maar ik zou je graag in een paar woorden iets willen vertellen over een zeer bruikbare ervaring die ik opdeed.

Tijdens de Duitse bezetting van Frankrijk zat ik in de verzetsbeweging, en terwijl ik eens de trappen van de metro afging, werd ik door de politie gepakt. Dit is een van de meest interessante ervaringen die ik ooit heb gehad. Terwijl ik alle romantische uiterlijkheden achterwege laat over hetgeen er gebeurde en hoe het gebeurde, wil ik het vatten in meer filosofische termen omtrent tijd. Wat op dat moment plaatsvond was dit: ik had een verleden, ik had een toekomst, en ik bewoog me vanuit het een in het andere door hard de trappen af te lopen. Op een gegeven ogenblik legde iemand zijn hand op mijn schouder en zei: 'Halt, uw papieren alstublieft!' Op dat moment gebeurden er verschillende dingen. Ten eerste begon ik zeer snel te denken en op intense wijze werd ik me de situatie bewust en gewaar daar op de laatste treden van de metrohalte Etoile, in een scherpe omlijning en kleurrijkheid die ik daarvoor nog nooit beleefd had. Ten tweede realiseerde ik mij dat ik geen verleden had, want mijn werkelijke verleden dat ik had was datgene waarvoor ik zou worden doodgeschoten. Dus bestond dat verleden eenvoudig niet meer. Het oneigenlijke verleden waarover ik bereid was te praten, had nooit bestaan, en zo zag ik mezelf daar staan als een hagedis die bij zijn staart gepakt wordt en weggerend is, zijn staart zomaar ergens achterlatend, zodat de hagedis ophield waar de staart had gezeten. Toen ontdekte ik iets anders, iets zeer interessants (ofschoon ik op dát ogenblik niet de wijsgerige termen van tijd aan het uitwerken was), en wat ik ineens inzag, al begreep ik het pas geleidelijk aan beter, is dat je een toekomst hebt slechts in de mate dat je een minuut, vóór er iets gebeurt, al kan voorzien, of een centimeter, voordat je iets bereikt, weet wat er vervolgens gaat komen – d.w.z. er komt helemaal niets, want je hebt er geen idee van wat er gaat komen – je bent als iemand die in het duister van een onbekende kamer staat. Je staat daar en al wat er is, is niets anders dan een duisternis die op je ogen drukt. Er ligt misschien niet direct iets vóór je, of er ligt een oneindigheid vóór je, maar dat maakt geen verschil. Je eindigt precies, waar duisternis begint. Zo ontdekte ik dat ik in het geheel geen toekomst had. Bij die gelegenheid zag ik in dat leven in het verleden aan de ene kant, en in de toekomst aan de andere kant, eenvoudig niet mogelijk was. De hagedis had geen staart en vóór mij was volkomen duisternis. Ik ontdekte dat ik tot het huidige moment gedwongen was, en dat mijn gehele verleden, namelijk alles wat had kunnen gebeuren, was verdampt tot het tegenwoordige moment, met een intensiteit, en een kleurenrijkdom die buitengewoon inspirerend was, hetgeen me tenslotte in staat stelde om weg te komen!

Welnu, wat de tijd betreft, zonder al teveel in details te treden, zijn er van die ogenblikken waardoor je kan ervaren dat er een tegenwoordige tijd is. Het verleden is onherroepelijk voorbij – het is onbelangrijk, tenzij het nog steeds tegenwoordig is – en de toekomst is onbelangrijk, omdat het kan gebeuren, maar ook niet kan gebeuren. Dat komt voor, bijvoorbeeld, als je een ongeluk krijgt, of wanneer je een gevaarlijk ogenblik beleeft, waarbij een uiterst snelle reactie vereist is. Je hebt dan geen tijd om je rustig van het verleden in de toekomst te begeven. Wat je te doen staat is zó volledig in het heden te zijn, dat al je energie en heel je bestaan ligt samengevat in het woord '*nu*'. Met grote belangstelling kom je tot de ontdekking dat *jij* in het '*nu*' bent. Je kent het hele, hele dunne vlak waarvan in de meetkunde gezegd wordt dat het geen dikte heeft. Dit meetkundig vlak, dat volstrekt geen dikte heeft, is het 'nu' en beweegt langs de lijnen van de tijd, of liever, tijd loopt eronder door, en brengt alles wat je in de toekomst nodig zal hebben 'nu' naar je toe. Dit is de situatie waar we iets van moeten leren, maar dan iets leren op een meer vreedzame wijze. Ik denk dat wij ons moeten oefenen in het stopzetten van de tijd, en in het heden staan, in dit 'nu', dat mijn heden is en dat ook het snijpunt is van eeuwigheid en tijd.

Wat kunnen wij doen? Hier is de eerste oefening. Het kan worden gedaan op momenten dat je volstrekt niets te doen hebt, en dat niets je naar de toekomst of naar het verleden duwt, en waarin je vijf minuten, of drie minuten of een half uur vrije tijd van niets doen kan gebruiken. Je gaat zitten en zegt: 'Ziezo, ik zit nu en ik doe niets, ik zal gedurende vijf minuten nietsdoen'. Je ontspant je dan en gedurende deze tijd realiseer je je onafgebroken (langer dan één of twee minuten zal je het in het begin wel niet uithouden): 'Ik ben hier in de aanwezigheid van God, in mijn eigen aanwezigheid en in de aanwezigheid van alle huisraad om mij heen, geheel stil, geheel onbewogen'. Er is natuurlijk nog iets wat je moet doen: je moet besluiten dat je tijdens deze twee of vijf minuten die je hebt bepaald om te leren ervaren dat het heden bestaat, er niet uitgehaald wordt door de telefoon, door een klop op de deur, of door een plotselinge opwelling van energie die je aanzet meteen te gaan doen wat je de laatste tien jaar verzuimd mocht hebben. Dus je gaat zitten en zegt: 'Hier ben ik' en je bent er ook. Als je dit leert doen in verloren ogenblikken van je leven en je hebt geleerd innerlijk niet onrustig te zijn, maar volkomen kalm en opgewekt, stabiel en rustig, dan breid je die paar minuten uit tot een langere tijd en zo steeds een beetje langer. Er komt natuurlijk een moment dat je enige afweermiddelen nodig zal hebben. Want twee minuten kan je rustig zitten, zelfs als de telefoon gaat of iemand op de deur klopt, maar vijftien minuten is wellicht te lang voor de aanhoudende telefoon of voor degene die op de deur staat te kloppen. Maar dan moet je bedenken dat als je niet thuis was, je ook niet open zou kunnen doen, noch de telefoon opnemen. Of, als je dapperder bent, of meer overtuigd bent van wat je aan het doen bent, dan kun je doen wat mijn vader wel deed. Hij hing een briefje op de deur waarop stond: 'Doe geen moeite om te kloppen. Ik ben wel thuis maar ik doe niet open'. Dat is een meer besliste manier van doen, want de mensen begrijpen het meteen. Zeg je daarentegen: 'Wees zo vriendelijk om vijf minuten te wachten', dan is die vriendelijkheid meestal binnen twee minuten tot nul gedaald!

Vervolgens, als je je dan deze stabiliteit, deze kalmte hebt eigen gemaakt, dan zal je moeten leren de tijd stop te zetten, niet alleen op momenten dat deze kruipt of hoe dan ook is komen stil te staan, maar op momenten dat ze vliegt en beslag op je legt. De manier om dit te doen is als volgt. Je bent met iets bezig waarvan je vindt dat het nuttig is; je denkt dat de wereld uit zijn koers raakt als dit niet wordt gedaan; en als je dan op zeker ogenblik zegt: 'Ik stop,' zal je heel veel ontdekken. Vooreerst zal je ontdekken dat de wereld helemaal niet uit koers raakt en dat de hele wereld - als je je dat kan voorstellen - vijf minuten kan wachten zonder dat jij je ermee bemoeit. Dit is van belang, want gewoonlijk misleiden we onszelf door te zeggen: 'Kom, ik moet dit doen: het is een daad van liefde, het is een plicht, ik kan het niet onuitgevoerd laten'. Maar dat kun je wel, want op ogenblikken van pure luiheid zal je het veel langer onuitgevoerd laten dan de vijf minuten die je had bepaald. Daarom is het eerste wat je moet zeggen dit: 'Wat er ook gebeurt, hier stop ik'. De eenvoudigste manier om dit te doen is er een wekker bijpakken. Wind die op en zeg: 'Nu ga ik aan het werk zonder op de klok te kijken tot hij afloopt'. Dat is zeer belangrijk: een van de dingen die wij moeten afleren is op de klok te kijken. Als je ergens loopt en merkt dat je te laat bent, dan kijk je op je horloge. Maar terwijl je op je pols kijkt, kan je niet zo vlug lopen als wanneer je zomaar recht voor je uit zou kijken. En of je nu weet dat het zeven minuten is of vijf of drie, je bent sowieso te laat. Vertrek liever wat vroeger en je zal op tijd komen, of, als je eenmaal te laat bent, loop dan zo hard en zo flink als je maar kan door. Als je bij de deur staat, kijk dan even op je horloge om te zien hoe berouwvol je moet kijken als de deur opengaat! Als dan de wekker afloopt, dan weet je dat de wereld de eerstvolgende vijf minuten niet vergaat en dan moet je je ook niet verroeren. Het is de eigen tijd van God en je gaat er rustig bij zitten, in Zijn eigen tijd, stil en vredig. In het begin zal je zien hoe moeilijk dit is, en je zal denken dat het van groot belang is om, laten we zeggen, je brief die je schrijft eerst af te maken, of het stuk uit te lezen waar je aan bezig bent. In feite zal je heel gauw ontdekken dat je dat best voor drie, vijf of zelfs tien minuten kan uitstellen en dat er niets mis gaat. En als je met iets bezig bent dat aandacht vraagt, zal je ontdekken hoe veel beter en sneller het gedaan kan worden.

Ik zal je een ander voorbeeld geven. In het begin van mijn artsenpraktijk vond ik het tegenover de mensen in de wachtkamer hoogst onredelijk om niet op te schieten met de patiënt die bij me in de spreekkamer was. Zo probeerde ik vanaf de eerste dag zo snel mogelijk te zijn met de mensen in de spreekkamer. Ik ontdekte evenwel tegen het einde van mijn spreekuur dat ik me van de mensen die ik had gezien niet het minste kon herinneren, omdat ik de hele tijd dat er een patiënt bij me was met argusogen over hem heen de wachtkamer in tuurde om de koppen te tellen van degenen die nog zaten te wachten. Het resultaat was dat ik al mijn vragen twee keer moest stellen en dat ik mijn onderzoek vaak twee of zelfs drie keer moest doen. Als ik klaar was, kon ik me niet herinneren of ik het gedaan had of niet. Natuurlijk is niet iedereen zoals ik ben; jullie hebben wellicht een veel beter geheugen. Dit is echter alleen maar een voorbeeld van wat zelfs iemand van jullie zou kunnen overkomen.

Toen kwam ik tot de conclusie dat dit simpelweg een onwaardige manier van doen was, en ik besloot dat ik me zou gedragen als was de patiënt die ik onder handen had de enige mens ter wereld. Zodra het in mij opkwam dat 'ik moest opschieten', ging ik achterover zitten en knoopte ik een gesprekje aan van enkele minuten, alleen maar om te voorkomen dat ik me ging haasten. Binnen twee dagen ontdekte ik dat je niets anders dan dat hoeft te doen. Je kunt eenvoudig helemaal geconcentreerd zijn op de persoon of taak waarvoor je staat, en als je ermee klaar bent, zal je ontdekken dat je het in de helft van de tijd gedaan hebt, in plaats van al de tijd die je er tevoren voor nodig had; toch heb je alles gezien en alles gehoord.

Sindsdien heb ik vaak zo'n soort advies gegeven aan veel mensen in allerlei levensomstandigheden, en met succes. Als je zo oefent, door te beginnen met de tijd stop te zetten die zich niet beweegt, en te eindigen met de tijd die probeert hard vooruit te snellen, en je ook die stop zet en 'nee' zegt, dan zal je ontdekken dat op hetzelfde ogenblik dat je de innerlijke spanning, de innerlijke agitatie, de gejaagdheid en de angst overwint, de tijd volstrekt normaal voorbij gaat. Kun je je voorstellen dat er iedere minuut slechts één minuut voorbijgaat? Dat is nu exact wat er gebeurt. Het is vreemd maar waar, ook al wekt de manier waarop wij ons gedragen de indruk dat vijf minuten in dertig seconden om zouden kunnen vliegen. Nee, iedere minuut is even lang als de volgende minuut, ieder uur even lang als het volgende uur. Er gebeurt helemaal niets vreselijks. Misschien zeg je: 'Zal ik tijd hebben om het allemaal af te krijgen?' Ik zal je daarop op een echt Russische manier antwoorden: 'Als je niet voortijdig sterft, zal je tijd hebben om het te doen. Sterf je voordat het klaar is, dan hoef je het niet te doen.' Er is een andere gezegd van hetzelfde genre die je kunt bewaren voor een toekomstige gelegenheid: 'Maak je niet druk over de dood. Als de dood daar is, ben jij er niet meer, maar zolang jij er bent, is de dood er niet.' Het is hetzelfde gegeven. Waarom zou ik me druk maken over een situatie die zichzelf zal oplossen?

Als je eenmaal hebt geleerd niet gejaagd te zijn, dan kan je alles doen, in elk tempo, met alle aandacht en snelheid, zonder het gevoel te hebben dat je tijd verliest of dat de tijd je inhaalt. Het is het gevoel waar ik al eerder over sprak, van een dag vrij te hebben, met de hele dag nog vóór je. Je kan snel zijn of langzaam, zonder enig gevoel van tijd, omdat je alleen doet waar je mee bezig bent, zonder enig plan. En dan zal je zien dat je kunt bidden in iedere bijzondere situatie van het wereldgebeuren, dat er geen enkele situatie is die je kan beletten om te bidden. Het enige wat je kan beletten te bidden is dat je jezelf veroorlooft in de storm te zijn, of dat je de storm toestaat bij jou binnen te komen in plaats van dat hij om je heen raast.

Je herinnert je wellicht uit het Evangelie het verhaal over de storm op het meer van Galilea: Christus slapend in de boot terwijl de storm er omheen woedt[1]. Aanvankelijk werken de apostelen hard in de hoop te zullen overleven. Maar op zeker ogenblik verliezen zij de moed en komt de storm die buiten woedde bij hen binnen – het stormt nu ook in hun binnenste. Angst en dood waren niet enkel om hen heen, zij dringen bij hen binnen. En dan wenden zij zich tot Christus en doen zij wat wij ook heel vaak met God doen: wij houden ons met God bezig in tijden van spanning en tragiek en wij zijn verontwaardigd dat Hij zo kalm is. Het verhaal in het Evangelie onderstreept dit door te zeggen dat Christus met Zijn hoofd op een kussen sliep – de ultieme ergernis. Zij zijn aan het sterven en Hij is op zijn gemak. Dat is precies wat wij zo vaak van God denken. Hoe durft Hij zo gelukzalig, zo op zijn gemak te zijn, terwijl *ik* in de problemen zit? En de leerlingen doen precies wat wij zo dikwijls doen. In plaats van naar God toe te komen en te zeggen: 'U bent vrede, U bent de Heer, spreek een woord en mijn dienaar zal genezen worden, spreek een woord en alles zal in orde komen', wekken zij Hem uit Zijn slaap en zeggen: 'Deert het U niet dat wij vergaan?' Met andere woorden, 'Als U niets kunt doen, lig dan tenminste niet te slapen. Als U niets beters kunt doen, sterf dan tenminste samen met ons in onze angst'. Christus reageert daarop door overeind te komen en te zeggen: 'Jullie kleingelovige lieden!' En terwijl Hij ze opzij duwt, keert Hij zich naar de storm, brengt Zijn innerlijke stilte, harmonie en vrede over op de storm en zegt: 'Wees stil, bedaar', en alles is weer rustig.

Dit kunnen wij ook doen en we moeten er ook toe in staat geacht worden om het te doen. Maar dat vereist een planmatige en weloverwogen oefening op precies dezelfde manier als wij andere dingen oefenen om te leren doen. Leer het beheersen van tijd en je zal in staat zijn om bij wat je ook doet, wat ook de spanning is, in de storm, in de tragiek of gewoon de verwarring waarin wij onophoudelijk leven – om stil te worden, onbeweeglijk te zijn in het heden, van aangezicht tot aangezicht met de Heer, in stilte of met woorden. Als je woorden gebruikt, dan kan je alles wat om je heen is voor God brengen, de hele storm. Als je zwijgt, kan je rusten in het 'oog' van de cycloon of de orkaan, in de stilte die in dat middelpunt heerst, terwijl je de storm zelf om je heen laat razen, terwijl je bent waar God is, op het enige punt van totale stabiliteit. Maar dit punt van totale stabiliteit is niet een punt waar niets gebeurt. Het is het punt waar alle conflictueuze krachten elkaar ontmoeten, door elkaar in evenwicht worden gebracht en in Gods machtige hand worden gehouden.

Echte stilte is soms buitengewoon intens, samengebald en springlevend. Ik herinner me een passage uit de heiligenlevens der woestijnvaders, waarin een van hen door zijn broeders werd gevraagd om een geestelijk betoog te houden ten ere van een bisschop die bij hen op bezoek zou komen. Daarop zei hij: 'Nee, dat doe ik niet, want als mijn zwijgen hem niets zegt, dan zullen mijn woorden ook nutteloos zijn.' Dit is het soort stilte dat we zouden moeten uitproberen, of leren bereiken. Hoe kunnen we dat doen? Wat ik kan proberen is de weg te wijzen met een parabel of een beeld, namelijk door het observeren van vogels.

Als we de bewegingen van vogels willen observeren in de bossen of velden, dan moeten we vóór hen ontwaken. We moeten erop voorbereid zijn om waakzaam, wakker en volkomen uitgeslapen te zijn vóór de eerste vogels ontwaken. Ja, voordat de vogels merken dat de ochtend is aangebroken. We moet de velden of de bossen ingaan en ons daar volstrekt stil, volstrekt onhoorbaar en ontspannen installeren, zodat we onder geen beding de lichte slapers om ons heen opwekken en opschrikken, omdat ze anders zullen proberen weg te komen, en zover wegvliegen dat je ze niet meer kan horen of zien. Vogels observeren houdt enerzijds deze stilte, deze rust, deze kalmte in, en tegelijkertijd een intense waakzaamheid. Want als je in de velden de niet-gedroomde dromen zit te dromen van je korte nacht, zullen alle vogels allang weg zijn voordat jij je realiseert dat de zon op je rug staat te bakken. Het is van wezenlijk belang om waakzaam en wakker te zijn, en tegelijkertijd stil en ontspannen; dit is een contemplatieve voorbereiding op een contemplatieve stilte. Dit is een zeer moeilijk evenwicht, tussen enerzijds het soort waakzaamheid, die je in staat stelt met een volkomen open geest, volkomen vrij van vooroordelen en verwachtingen, de invloed te ondergaan van iets dat je pad kruist, en anderzijds deze stilte die je in staat stelt om die invloed te ondergaan zonder weg te dromen in het beeld van je eigen aanwezigheid, want dat zou alles bederven.

Ongeveer twintig jaar geleden, kort na mijn priesterwijding, werd ik tegen Kerstmis naar een bejaardenhuis gestuurd. Daar woonde een oude dame die enige tijd daarna, op de leeftijd van 102 jaar, stierf. Toen zij mij kwam opzoeken na mijn eerste celebratie van de Liturgie, zei ze: 'Vader, ik zou graag advies hebben over het gebed'. 'O ja?' zei ik, 'vraag die-en-die eens.' Ze zei: 'Al deze jaren heb ik mensen gevraagd van wie men mag veronderstellen dat zij iets van bidden afweten en zij hebben me nooit een bevredigend antwoord gegeven, daarom dacht ik dat als u misschien niets weet, u er dan mogelijk per ongeluk het juiste uit zou kunnen gooien'. Dat was een heel bemoedigende situatie! Daarom zei ik: 'Wat is eigenlijk uw moeilijkheid?' De oude dame zei: 'De laatste veertien jaar heb ik bijna zonder onderbreken het Jezusgebed beoefend, maar nooit heb ik ook maar iets van Gods tegenwoordigheid ervaren'. Daarop gooide ik er maar uit, wat me in gedachten kwam. Ik zei: 'Als je de hele tijd aan het woord bent, dan geef je God geen kans om er een woord tussen te krijgen'. Ze zei: 'Wat moet ik dan doen?' Ik zei, 'Ga na het ontbijt naar je kamer, maak alles aan kant, plaats je leunstoel in een strategische positie, op zo'n manier dat je alle donkere hoeken, die er altijd zijn in een kamer van een oude dame waarin van alles wordt opgeslagen, achter je hebt zodat ze niet te zien zijn. Steek een lampje aan voor de icoon die je hebt, en neem dan om te beginnen je kamer eens in ogenschouw. Zit maar gewoon, kijk rond en probeer in je op te nemen waar je woont, want ik ben er zeker van dat als je al deze veertien jaar hebt gebeden, het dan lang geleden is dat je je kamer hebt gezien. En vervolgens neem je je breiwerk en brei je vijftien minuten lang voor het aanschijn van God. Maar ik verbied je om ook maar een enkel woord van gebed te zeggen. Je breit alleen en probeert te genieten van de vrede in je kamer'.

Ze vond het niet zo'n erg vrome raad, maar ze nam het aan. Na een tijdje kwam ze me opzoeken en zei: 'Weet u, het werkt.' Ik zei: 'Wat werkt er en wat gebeurt er dan?', want ik was heel benieuwd te weten hoe mijn advies had uitpakt. En ze zei: 'Ik deed precies wat u me had aangeraden. Ik stond op, waste me, bracht mijn kamer op orde, nam mijn ontbijt, keerde terug, vergewiste me ervan dat niets me kon storen, en ging zitten in mijn leunstoel en dacht, 'Wat fijn dat ik vijftien minuten lang niets hoef te doen zonder me schuldig te voelen!' En ik keek rond en voor het eerst na jaren dacht ik: 'Mijn hemel, wat woon ik in een aardige kamer – een raam dat uitziet op de tuin, een mooi ingerichte kamer met genoeg ruimte voor mij en de spullen die ik in de loop der jaren heb verzameld'. Toen zei ze: 'Ik voelde me zo rustig omdat de kamer zo vredig was. Er tikte een klok maar dit verstoorde de stilte niet, het tikken onderstreepte juist het feit dat alles zo stil was. En na een tijdje herinnerde ik mij dat ik moest breien voor het aanschijn van God, en dus begon ik te breien. En ik begon meer en meer de stilte gewaar te worden. De breinaalden tikten tegen de leuningen van mijn armstoel, de klok tikte vredig, er was niets om me zorgen over te maken, ik hoefde mij niet in te spannen. En toen bemerkte ik dat deze stilte niet zomaar een afwezigheid van geluid was, maar dat deze stilte inhoud had. Het was geen afwezigheid van iets, maar de tegenwoordigheid van iets. De stilte was geladen, was rijk en begon mij te vervullen. De stilte om mij heen kwam op mij af en ontmoette de stilte in mijzelf'. En toen, aan het eind, zei ze iets heel moois, wat ik later bij de Franse schrijver Georges Bernanos terugvond. Ze zei: 'Volstrekt onverwachts werd ik gewaar dat de stilte een aanwezigheid was. In het hart van de stilte was Hij, die volkomen stilte, volkomen vrede en volkomen rust is'.

Daarna leefde zij nog zo'n tien jaar en vertelde me dat ze

altijd de stilte kon vinden als ze in zichzelf rustig en stil was. Dit betekent niet dat ze ophield met bidden, het betekende dat zij voor enige tijd deze contemplatieve stilte kon vasthouden. Begon haar geest weer op te spelen dan keerde zij terug tot het mondgebed, totdat haar geest weer stil werd en tot rust kwam; dan liet ze de woorden los en daalde ze weer af tot de stilte als daarvoor. Dit zou ons ook heel vaak kunnen overkomen – als wij maar, in plaats van zo gespannen bezig te zijn met de dingen die wij doen, eenvoudigweg konden zeggen: 'Ik ben in Gods tegenwoordigheid, wat een vreugde, laten wij stil zijn'.

In de levensgeschiedenis van een Franse katholieke priester, de heilige pastoor van Ars, Jean-Marie Vianney, wordt een verhaal verteld over een oude boer die uren achtereen roerloos in de kerk placht te zitten en niets deed. De priester zei tegen hem: 'Wat doe je toch al deze uren?' De oude boer zei: 'Ik kijk naar Hem en Hij kijkt naar mij en we zijn tevreden.'

Dit kan alleen worden bereikt als we ons een zekere mate van stilte aanleren. Begin met de stilte van de lippen, met de stilte van je gevoelens, de stilte van je verstand, de stilte van je lichaam. Maar het zou een vergissing zijn te menen dat we kunnen beginnen op de hoogste sport, met de stilte van het hart en de geest. We moeten beginnen met onze lippen stil te maken, door ons lichaam stil te houden, in die zin dat we ze leren de stilte in acht te nemen, om spanningen los te laten, en niet om te vervallen in dagdromerij en sloomheid, maar – om een uitdrukking van een van onze Russische heiligen te gebruiken – om te zijn als een vioolsnaar, die op zo'n manier opgedraaid is dat het de juiste tonen kan voortbrengen, niet al te strak tot het breekpunt opgedraaid, maar ook niet te weinig, zodat hij alleen maar gonst. En vanaf dat moment moeten we leren luisteren naar de stilte, om volkomen rustig te worden, en dan zullen we mogelijk, veel vaker dan we denken, ontdekken dat de woorden van het Boek der Openbaring waar worden: 'Ik sta aan de deur en ik klop'[2].

In het volgende hoofdstuk zullen we de basisvoorwaarden beschouwen voor het tot stand brengen van het gebed in relatie tot het aanroepen van God en de mogelijkheid om tot Hem het woord te richten.

5

HET AANROEPEN VAN GOD

In dit hoofdstuk zou ik graag iets willen zeggen over het moment dat we innerlijk zo voorbereid zijn dat het gebed werkelijk mogelijk wordt en tot leven komt. Met het oog op wat ik er in het voorafgaande al over gezegd heb en de vooronderstellingen die voortdurend op de achtergrond aanwezig waren, is gebed klaarblijkelijk een relatie, een ontmoeting, een manier van in contact staan met de levende God. Nu is er het moment dat deze relatie iets levends wordt. En aangezien het gaat over een relatie, wil ik beginnen met datgene wat evenveel te maken heeft met menselijke verhoudingen als met gebed.

Een verhouding wordt persoonlijk en echt, zodra je een persoon uit de menigte apart gaat nemen. Dat is het geval wanneer deze persoon uniek wordt door wie hij is, wanneer hij ophoudt naamloos te zijn. Iemand heeft eens gesproken over 'de anonieme samenleving' waarin we, in plaats van het hebben van een naam en toenaam, en van kwaliteiten en een persoonlijkheid, worden bepaald in algemene termen als 'de belastingbetalers', enzovoort. In onze relatie met mensen is er zeer vaak sprake van dit element van anonimiteit, van 'men'.

We spreken in de derde persoon als we vinden dat iemand makkelijk kan worden vervangen door iemand anders, omdat de relatie functioneel is en niet persoonlijk en deze *functie* vervuld kan worden door iemand anders, ofschoon deze *persoon* door niemand anders vervangen zou kunnen worden. In een andere taal zou ik gezegd hebben dat een relatie echt wordt, als je over iemand begint te denken in termen van '*gij*' in plaats van '*u*'. Het vergt eigenlijk geen verandering van taal, het is een innerlijke verandering. Je weet maar al te goed, daar ben ik zeker van, dat iemand een 'ik-gij' verhouding met iemand kan hebben of een 'ik-het' relatie.

Gebed begint op het moment dat je, in plaats van te denken over een verre God als een 'Hij', als 'De Almachtige', enzovoort, kunt denken in begrippen als 'Gij', wanneer het niet langer een relatie in de derde persoon betreft, maar in de eerste en tweede persoon. Neem bijvoorbeeld het boek Job, waar een conflict speelt. Of neem een van de vele andere voorbeelden uit de Schrift of uit het gewone leven, uit de levens van heiligen en van zondaars, waar sprake was van spanning en een hevige confrontatie. Dit is altijd een persoonlijke aangelegenheid. Er is geen sprake van gebed, zolang de relatie voorzichtig, afstandelijk en koel is, zolang er een ceremonieel bestaat tussen onszelf en God, zolang we niet tot Hem kunnen spreken, en dat het gesprek alleen kan gaan via een lange en ingewikkelde reeks woorden en gebaren. Er is echter een moment dat we, in plaats hiervan, door dit alles heenprikken en in de eerste en tweede persoon spreken. Wij zeggen 'ik' en we verwachten dat Hij voor ons een 'Gij' is, of een 'U' in het enkelvoud. Laat het niet het beleefde, koninklijke 'U', maar het enkelvoudige en unieke 'Gij' zijn.

Dan is er nog een ander element in een warme menselijke relatie: het moment dat we voor een persoon een naam zoeken. Ik spreek nu niet over een algemene achternaam zonder enige betekenis, maar wanneer we beginnen te zien hoe deze persoon zich verhoudt tot een naam. Je weet bijvoorbeeld hoe persoonlijk een bijnaam kan zijn, in positieve als ook in negatieve zin. Een bijnaam kan dienen om je naar beneden te halen, om je uit te schakelen, om alles te niet te doen wat er tussen twee mensen bestaat; maar het kan ook een naam zijn die slechts twee personen gebruiken, of een heel kleine kring van mensen die zo nauw en intiem met elkaar verbonden zijn dat die naam voor hen vol betekenis is, omdat hij zo uitermate persoonlijk is. Hoe dwazer hij is, in zekere zin, hoe persoonlijker, omdat niemand anders dit had kunnen bedenken dan jij.

Dan is er de achternaam. Die achternaam komt ons vaak vreemd voor, een algemene aanduiding, zoiets als 'mensdom'; er zijn zoveel mensen met dezelfde achternaam. En toch, als we het bezien met wat meer aandacht voor menselijke verhoudingen, dan kunnen we beseffen dat de achternaam het kenmerk is van een gemeenschap. Van generatie op generatie terug in de geschiedenis hebben mensen, van ons bloed, wier leven in onze botten, in onze erfelijkheid, in onze geest zit, deze naam gedragen. Deze naam verbindt ons heel ver terug met generaties van mensen en zal ons wellicht in de toekomst verbinden met andere. En door de verschillende banden van huwelijk en verwantschap zal die naam een wijd netwerk vormen van mensen die diep met elkaar verbonden zijn. Als je, in plaats van aan die achternamen te denken, aan erfelijkheid of aan een geslachtslijst denkt, is dat dan niet wat we in twee van de Evangelieën met betrekking tot de Heer vinden?[1] Is het niet juist dit waarnaar die geslachtslijst verwijst: een band van geslacht op geslacht met concrete, werkelijke mensen? Zo gezien is een achternaam iets waar we grote belangstelling voor kunnen hebben, omdat hij ons gehele verleden in één woord samenhoudt. En als we op deze manier zouden denken over andere mensen, dan zouden die achternamen voor ons gaan leven. In plaats van uitdrukking te zijn van iemands uniciteit en van de uniciteit van zijn relatie met ons, zoals dat met een bijnaam het geval is, zou de achternaam van deze unieke persoon ons in een woord verbinden met een hele wereld van personen...

Dan is er nog de christelijke naam, de naam die wij krijgen bij onze doop: het is de naam waarmee God zich over een persoon ontfermt. De christelijke naam verbindt de persoon met God, want wanneer de mens die naam ontvangt, sterft hij met Christus en staat weer met Hem op[2]. Maar ook verbindt die naam hem met een verscheidenheid van personen die dezelfde naam hebben gedragen, en allereerst met degene die een heidense naam tot een christelijke naam maakte, de eerste heilige die deze naam de Kerk in bracht.

We hebben ook nog een andere naam, een die we niet kennen. Je herinnert je de passage uit het Boek der Openbaring, waar gezegd wordt dat in het Koninkrijk ieder een witte steen zal ontvangen waarop een naam geschreven staat, een naam die alleen bekend is aan God en aan hem die hem krijgt[3]. Dit is geen bijnaam, geen achternaam en geen christelijke naam. Het is een naam, een woord, dat precies identiek is aan ons, een naam die samenvalt met ons, een naam die wij *zijn*. We zouden haast kunnen zeggen dat het het woord is dat God uitsprak toen Hij wilde dat wij tot bestaan zouden komen, en dat ons toebehoort, voor zover we eraan beantwoorden. Deze naam drukt onze volkomen en onherhaalbare uniciteit uit in zoverre het God aangaat. Niemand kan die naam kennen, zoals niemand, in laatste instantie, ook maar iemand kent in de mate dat God hem kent. En toch is het deze naam, waaruit al het overige dat over ons geweten kan worden voortkomt.

Je zou je kunnen afvragen waarom ik mijn aandacht zo op namen richt. Dat komt omdat een deel van ons gebed direct op God betrokken is en onze persoonlijke band met Hem uitmaakt, terwijl een ander deel van ons gebed ons verbindt met de hele wereld buiten ons. En als we bidden voor elkaar, als we bidden voor de wereld, dan brengen wij namen voor God en niets anders. Maar deze namen zijn vol of leeg van betekenis, in overeenstemming met de omstandigheden, of we al dan niet in staat zijn de diepte te peilen van wat we zeggen. Als we voor God namen uitspreken zonder enig besef van die naam, en die namen enkel bezigen als naamkaartjes, zonder enige diepte, dan is onze relatie maar armzalig van aard. Spreken we daarentegen een naam uit met daarin iets van de betekenis die ik heel kort heb proberen aan te duiden, dan wordt ons gebed niet alleen een voortbrenging van een persoon, als het ware op onze open handen gedragen, het verbindt ons ook met deze persoon op een dieper niveau; niet zozeer uit medeleven, niet uit liefde, maar door vereenzelviging met hem, door deelgenoot te zijn en uit solidariteit, hetgeen een volstrekt andere hoedanigheid bezit.

Dit is ook in omgekeerde zin waar. Tenzij we de juiste naam voor God kunnen vinden, hebben we geen vrije, werkelijke, vreugdevolle, en open toegang tot Hem. Zolang we God moeten aanroepen met algemene benamingen als 'De Almachtige', 'De Heer God', zolang we 'de' voor een woord menen te moeten zetten om het anoniem te maken, om er een algemeen begrip van te maken, kunnen we het niet gebruiken als een persoonlijke naam. Maar er zijn ogenblikken dat, om een voorbeeld te geven, de heilige schrijvers ineens iets van een bijnaam uitroepen, iets wat een ander met geen mogelijkheid had kunnen zeggen, iets wat ligt op de grens van het mogelijke en het onmogelijke, iets wat alleen maar mogelijk is omdat er sprake is van een relatie. Denk maar aan de psalm waarin David, na meer ingehouden uitdrukkingen, plotseling uitbarst in 'Gij, mijn Vreugde'[4]. Dat is het moment waarop de hele psalm tot leven komt. Wanneer er gezegd wordt 'O Gij, onze Heer', 'Gij zijt de Almachtige', en dergelijke benamingen, is het naar voren brengen van constateringen omtrent God. Maar uitbarstend in 'O Gij, mijn Vreugde' of 'O Gij, de pijn van mijn leven, o Gij die er middenin staat als een kwelling, als een probleem, als een struikelblok', wanneer we Hem kunnen aanroepen met een geweldige kracht, dan is er een relatie van gebed tot stand gebracht.

Vandaar dat het voor ons van groot belang is om na te gaan of er in onze ervaring geen namen te vinden zijn die van toepassing zijn op God. Het is duidelijk dat het gebruik van namen van tijd tot tijd kan veranderen. Er zijn ogenblikken dat we één aspect van onze relatie met God opmerken, en op andere momenten zien we weer andere aspecten, precies zoals we in vriendschappelijke of liefdesverhoudingen niet één enkele uitdrukking kiezen om elkaar aan te spreken, maar een verscheidenheid van schakeringen en nuances. We hebben 'De Almachtige', we hebben 'De Heer', we hebben 'De Schepper', we hebben 'De Voorziener', we hebben 'Wijsheid', maar we hebben ook een heel eenvoudige naam als Jezus, wat om zo te zeggen, een christelijke naam is.

Het klinkt een beetje vreemd als ik zeg dat Christus een christelijke naam heeft, en ik hoop dat je begrijpt wat ik bedoel. Het doet mij denken aan een gesprek dat een van mijn parochianen met haar man had; zij was christen, maar haar man was dat niet. Hij besteedde veertig jaar van zijn leven om te proberen haar duidelijk te maken dat het Christendom waardeloos is, en op een dag zei ze in wanhoop 'Hoe *kan* je nou zeggen dat als God in eerste instantie een Jood was, Hij toen pas een Christen werd?' De manier waarop ik zeg dat Jezus een christelijke naam is, zal je mogelijk sterk doen denken aan deze simplistische benadering. En toch is het een menselijke naam: de eerste Christen die geschreven staat in het naamregister van de Kerk. Als we dit in herinnering brengen, als we ons bewust worden van de nabijheid die er tussen Hem en ons tot stand komt, dan zullen we begrijpen waarom generaties van christenen aan deze naam hebben vastgehouden, waarschijnlijk niet omdat de H. Paulus zegt dat 'In de naam van Jezus iedere knie zich zou buigen'[5]. Want ofschoon dat ongetwijfeld waar is, maakt dit een naam nog niet warm en geliefd. Het zou neerkomen op uitdrukkingen als 'De Almachtige' of 'De Heer'. De naam van Jezus echter is een levende, echte, en persoonlijke naam.

Je zal misschien nog veel andere namen vinden. Ik ben er heel zeker van dat wanneer op zekere dag de kreet 'Gij, mijn vreugde!' uit je losbreekt, of ieder ander soortgelijke uitroep, dat dat een moment zal zijn dat je een relatie tussen Hem en jezelf ontdekt zal hebben die geheel eigen is aan jou, een relatie die je niet gemeen hebt met veel andere mensen. Ik bedoel niet te zeggen dat je die niet met anderen zou mogen delen. Wij hebben woorden voor God die aan ons allen toebehoren, maar er zijn ook woorden die alleen bij mij horen of bij jou, precies zoals er in menselijke relaties achternamen bestaan, christelijke namen en bijnamen. Het is goed een bijnaam voorhanden te hebben waarmee je de almachtige God kan aanroepen, een bijnaam die de hele diepte van je hart bezit en al de warmte waartoe je in staat bent; het wordt dan jouw manier van zeggen, 'Vanuit mijn unieke bestaan is dit de manier waarop ik Uw unieke bestaan kan bevatten'.

Als tijdens het proces van ontdekken waar je staat met

betrekking tot God – in hoeverre je een buitenstaander bent – je komt bij het punt van aankloppen, van dieper en dieper in jezelf gaan, je gebed *op jezelf* richten, en jezelf naar het punt brengen waar een deur *is* om aan te kloppen, het punt waar er *kan* worden opengedaan, dan *zal* er een moment komen dat de deur *zal* opengaan, maar dan moet jij een naam voor God hebben. Je moet dan in staat zijn een woord te zeggen dat laat zien dat *jij* het bent die Hem gezocht heeft, en dat er niet zomaar een uitwisselbaar menselijk wezen is dat op zoek is naar een anonieme God.

In dat proces van zoeken zal je pijn, angst, hoop, verwachting hebben doorstaan, het gehele scala van menselijke gevoelens. God zal de Verlangde zijn geweest en Hij zal de Teleurgestelde zijn geweest. Hij zal Degene zijn geweest naar wie je uitkeek en Degene wie je haat, omdat Hij je ontsnapt. Hij is Degene die je liefhebt boven alles, zonder wie je niet kan leven, en die je niet kan vergeven dat Hij je geen antwoord geeft en zo vele andere zaken meer. En vanuit dit zoeken zullen er geleidelijk aan woorden opkomen die je tot God kunt zeggen op grond van je eigen ervaring bij het zoeken naar de Graal, woorden die van joú zijn. Misschien ontdek je dat ze samenvallen met vele woorden die anderen gebruikt hebben. Dan zullen ze ophouden anonieme woorden te zijn, het zullen woorden zijn die je gemeenschappelijk hebt met andere mensen, maar die werkelijk je eigendom geworden zijn. Maar haal geen woorden uit een algemeen woordenboek, woorden die niet bij jou horen. Als je hoort dat de ketting aan de deur begint te rammelen, als je denkt dat er wordt opengedaan, kom dan voor de dag met de woorden die eigengemaakt zijn en roep God aan bij de naam die Hij heeft gekregen in de loop van je eigen leven. Op dat moment zal je een ontmoeting hebben. In de altijd dieper en rijker wordende relatie die volgt, zal je volop tijd hebben om andere woorden te ontdekken en je te ontdoen van woorden van wrevel en angst. Zoals de martelaren waarvan sprake is in het Boek der Openbaring, zal je zeggen: 'Gij zijt rechtvaardig en waarachtig in al uw wegen'[6]. En deze woorden zullen dan al de bittere woorden uitwissen, al de namen die wreed klinken. Maar je zal namen overhouden die persoonlijk zijn, die je eigendom zijn en die een werkelijke relatie zullen betekenen en een echte manier om met de levende God in contact te treden.

Wat ik gezegd heb over 'leren bidden' is, dacht ik, praktisch genoeg om ermee te kunnen gaan oefenen. Vanzelfsprekend is er nog een heleboel dat gezegd had moeten worden over deze zaken, en nog een heleboel dat over andere dingen gezegd zou moeten worden. Maar als je probeert je oefeningen te doen langs de lijnen, zoals ik die heb voorgesteld, dan zal je zien dat het geen verspilde tijd is. Maar zoek wel een naam. Want als je geen naam hebt, wees dan niet verbaasd dat niemand je hoort. Er is dan geen sprake van aanroepen.

6
TWEE OVERWEGINGEN VOOR GEBED

DE MOEDER GODS

Er zijn twee typen iconen van de Moeder Gods. Het meest gewone type vind je zowel in het Oosten als in het Westen: de Maagd die haar Kind vasthoudt. Dit brengt verschillende dingen in beeld, en niet alleen de persoon van de Moeder Gods. Het is een beeld van de menswording, een getuigenis omtrent de werkelijkheid van de menswording. Het is een getuigenis omtrent het ware en werkelijke moederschap van de Maagd. Als je nu aandachtig naar de icoon kijkt, zal je zien dat de Moeder Gods die het Kind vasthoudt, helemaal niet naar het Kind kijkt. Ze kijkt ook niet naar jou en evenmin kijkt ze de verte in; haar open ogen kijken diep in haarzelf. Ze is in contemplatie. Ze kijkt niet naar de dingen. En haar tederheid ligt uitgedrukt in de schroom van haar handen. Ze houdt het Kind vast zonder Hem aan haar hart te drukken. Ze houdt het Kind vast zoals iemand iets heiligs zou vasthouden, om het als een offergave naar voren te brengen. Al de tederheid, al de menselijke liefde wordt intussen uitgedrukt door het Kind, niet door de Moeder. Ze blijft de Moeder Gods: ze behandelt het Kind niet als haar kindje Jezus, maar als de mensgeworden Zoon van God, die de zoon van de Maagd geworden is. En Hij, die echt mens en waarlijk God is, bewijst haar als Zijn moeder en schepsel al Zijn goddelijke zowel als menselijke tederheid en liefde. Dit is het ene beeld.

Het andere type, dat je maar zelden vindt afgebeeld, toont de Moeder Gods alleen, zonder de gebruikelijke tegenwoordigheid van Christus. Ik zal er een van beschrijven. Het is een Russische icoon uit de zeventiende eeuw. Het toont een Russisch boerenmeisje dat haar sluier heeft afgelegd. Haar haren met de scheiding in het midden vallen los naar beneden langs een nogal vierkant gelaat. Haar ogen zijn groot en ze kijkt in de oneindigheid of in de diepte. In elk geval geen blik op iets bepaalds vóór haar. Als je verder kijkt, dan zie je twee handen. Twee handen die eigenlijk niet kunnen zitten waar ze zijn afgebeeld, omdat dat volgens de anatomie eenvoudig niet kan. Ze zijn er niet omwille van een realistische schildering, ze dienen om iets anders tot uitdrukking te brengen wat noch het gezicht, noch de handen, noch de ogen zouden kunnen uitdrukken zonder hun eigen belangrijker functie op te geven. Het zijn angstige handen. En dan in de hoek van de icoon, bijna onzichtbaar, lichtgeel op een lichtgele achtergrond, een kleine heuvel en een leeg kruis. Dit is de moeder die de kruisdood van haar eengeboren Zoon overweegt.

Als we ons in gebed tot de Moeder Gods wenden, dan zouden we vaker moeten beseffen dat elk gebed dat we richten tot de Moeder Gods betekent: 'Moeder, ik heb uw Zoon gedood. Als u het mij vergeeft, kan ik vergiffenis krijgen. Weigert u mij te vergeven, dan kan niets mij redden van verdoemenis.'

Nu is het verbazingwekkend dat de Moeder Gods, in alles wat in het Evangelie wordt geopenbaard, ons te verstaan geeft en ons bemoedigt om juist met dit gebed bij haar te komen; we hebben immers niets anders te zeggen. Voor ons is ze de Moeder van God. Door haar alleen bracht God zichzelf in onze aardse situatie. In die zin leggen we nadruk op deze titel 'Moeder Gods'. Door haar werd God mens. Door haar werd Hij geboren in de menselijke situatie. Ze is voor ons namelijk niet zomaar een werktuig van de menswording. Zij is het wier persoonlijke overgave aan God van dien aard is, dat Hij uit haar geboren kon worden. Zo groot is haar liefde tot God, zo groot haar bereidheid om te zijn wat Hij beschikt, zo groot haar nederigheid in de zin waarover ik hiervoor reeds gesproken heb.

Bij een van onze grote heilige theologen uit de veertiende eeuw komt een passage voor over de Moeder Gods, waarin wordt gezegd: "De menswording zou onmogelijk geweest zijn zonder haar 'Hier ben ik, de dienstmaagd des Heren', even onmogelijk als het zou zijn geweest zonder de wil van de Vader". Het gaat hier om een totale samenwerking tussen haar en God. Ik denk dat een Engelse schrijver het bijzonder opmerkelijk heeft uitgedrukt. Waar Charles Williams in zijn roman *Vooravond van Allerheiligen* komt te spreken over de menswording en de houding van de Heilige Maagd, zegt hij dat het uitzonderlijke van de menswording gelegen is in het feit dat 'een maagd van Israël ooit bij machte was om de Heilige Naam uit te spreken met heel haar hart, met heel haar verstand, heel haar wezen, heel haar lichaam, op zulk een wijze dat het Woord in haar vlees werd'. Ik houd dit voor een bijzonder goede theologische uitspraak, die de plaats aangeeft welke zij in de menswording inneemt. Wij houden van haar, misschien omdat we voelen dat we in haar het Godswoord van de H. Paulus op een bijzondere wijze bewaarheid zien, waar hij zegt: 'Mijn kracht wordt openbaar in zwakheid.' We zien hoe deze zwakke maagd van Israël, dit breekbare meisje, haar zonden overwint, de hel overwint, ja alles overwint door Gods kracht die in haar werkt. Vandaar dat de Heilige Maagd op ogenblikken van bijvoorbeeld vervolgingen, wanneer inderdaad de kracht Gods zich alleen maar openbaart in zwakheid, in onze ogen zo wonderbaar en zo machtig naar voren komt. Als zij hemel en aarde kon overwinnen, dan bezitten wij in haar een toren van kracht, en iemand die ons te hulp kan komen en die ons kan redden. En dat er in haar geen tegenspraak bestaat met de wil van God, dat zij in volmaakte harmonie is met Hem, benadrukken wij door in ons gebed een zin te gebruiken die we alleen voor God en voor haar gebruiken: 'Red ons'. We zeggen niet: 'Bid voor ons.'

STARETS SILOUAN

In 1938 stierf er iemand op de berg Athos[1]. Het was een heel eenvoudige man, een boer uit Rusland die naar Athos was gekomen toen hij in de twintig was en die daar zowat vijftig jaar gebleven is. Het was een man van uitzonderlijke eenvoud. Hij was naar Athos gegaan, omdat hij in een boekje over de Heilige Berg had gelezen dat de Moeder Gods een belofte had gedaan dat zij eenieder die in een van deze kloosters op de Athos de Heer diende, ter zijde zou staan en voor hem zou bidden. Dus verliet hij gewoon zijn geboortedorp en zei: 'Als de Moeder Gods dat beloofd heeft, dan ga ik, want dan is het haar plicht om mij te redden.'

Hij was een zeer merkwaardig man en lange tijd was hij belast met de zorg over de werkplaatsen van het klooster. In die werkplaatsen werkten jonge boeren uit Rusland, die meestal voor een of twee jaar in loondienst kwamen om zo wat geld te sparen. Zij spaarden letterlijk iedere cent om met een paar roebel naar hun dorp terug te keren, misschien om eindelijk te kunnen trouwen, een hut te kunnen bouwen en een landbouwbedrijfje te kunnen beginnen.

Op een keer zeiden een paar monniken die met andere

werkplaatsen belast waren tegen Silouan: 'Vader Silouan, hoe komt het toch dat de mensen die bij jou werken het zo goed doen, terwijl jij nooit toezicht op hen houdt? Wij besteden daarentegen al onze tijd met hun werk na te gaan, en dan nog benadelen ze ons onophoudelijk.' Vader Silouan zei: 'Ik weet het niet. Ik kan alleen maar zeggen hoe ik het zo'n beetje doe. Ik kom 's morgens nooit op het werk zonder eerst voor deze mensen te hebben gebeden. Als ik erheen ga is mijn hart vervuld van medelijden en liefde voor hen. En als ik de werkplaats binnenga, loopt mijn ziel over van liefde voor hen. Dan geef ik ze hun taak, die ze die dag hebben te verrichten en zolang als zij willen werken, ga ik voor hen bidden. Ik begeef me dus naar mijn cel en ik begin te bidden voor ieder van hen afzonderlijk. Ik plaats mij voor Gods aanschijn en zeg: 'O Heer, denk aan Nikolaas. Hij is nog zo jong, amper twintig. Hij heeft zijn vrouwtje, die nog jonger is, en hun eerste kindje in zijn dorp achtergelaten. Heeft U enig idee van de ellende die daar heerst: hij heeft hen moeten achterlaten omdat zij van zijn werk thuis niet in leven konden blijven. Bescherm hen tijdens zijn afwezigheid. Behoed hen voor alle kwaad. Geef hem moed om zich door dit jaar heen te slaan om terug te kunnen keren voor een vreugdevol weerzien, met genoeg geld bij zich, maar ook genoeg moed om de moeilijkheden het hoofd te bieden.'

En Silouan zei: 'In het begin bad ik met tranen van medelijden voor Nikolaas, voor zijn jonge vrouwtje en voor hun kindje, maar terwijl ik bad begon het gevoel van Gods tegenwoordigheid in mij te groeien en op zeker moment werd het zo sterk dat ik Nikolaas, zijn vrouw, hun kind, hun noden en hun dorp uit het gezicht verloor. Ik kon alleen maar aan God denken. Het gevoel van Gods tegenwoordigheid nam mij steeds meer in beslag, tot ik plotseling, midden in Zijn tegenwoordigheid, voor Gods liefde kwam te staan die Nikolaas, zijn vrouw en hun kind droeg. Nu begon ik met Gods liefde opnieuw voor hen te bidden. Maar weer werd ik getrokken naar die diepte en op de bodem daarvan vond ik weer Gods liefde. En zo - aldus Silouan - besteed ik mijn dagen met voor ieder afzonderlijk te bidden. Als de dag om is, ga ik naar hen toe, ik zeg iets tegen ze en we bidden samen. Dan gaan zij ter ruste en ik ga terug om mijn monastieke gebeden te doen'. Hier zien we hoe contemplatief gebed, sociale bewogenheid en smeekgebed een echte inspanning en strijd vroegen, omdat het meer was dan zomaar een opsomming van 'Heer, gedenk die en die en die'. Het betekende uren achtereen besteed aan alleen maar bidden uit mededogen en liefde, die in elkaar samenvloeien.

NAWOORD

GESPREK MET DE SCHRIJVER
(INTERVIEWER: TIMOTHY WILSON)

- *Bent u in Rusland geboren?*

Het toeval wil dat ik in Zwitserland geboren ben. Daar woonden mijn ouders toen. Mijn vader was namelijk in diplomatieke dienst. Maar vlak voor de Eerste Wereldoorlog zijn we naar Rusland teruggekeerd.

- *Wat gebeurde er daarna?*

Mijn vader werd toen naar het Midden-Oosten gezonden, naar Perzië, en daar heb ik het tweede deel van mijn kinderjaren doorgebracht.

- *Wat gebeurde er met het gezin na de Russische revolutie?*

We trokken te paard en op boerenkarren dwars door het noordelijk deel van Perzië, daarna over het gebergte van Khurdistan en toen zakten we in een schuit de Tigris en de Eufraat af. Tenslotte kwamen we terecht op een kleine Engelse boot die naar India ging en van daar kregen we een boot met bestemming Southampton. Ik zeg 'met bestemming' want in werkelijkheid kwamen we daar nooit aan. Toen we amper van wal gestoken waren, werd ons verteld dat de boot veel te oud was om tegen een storm bestand te zijn. Dat gaf mij hoop dat ik nog eens als een soort Robinson

Crusoë op een onbewoond eiland achtergelaten zou worden. Ik kon maar niet begrijpen dat mijn moeder zo verstoken kon zijn van alle gevoel voor romantiek, dat ze hoopte op goed weer. Maar, hoe dan ook, God was toevallig op de hand van de grote mensen en we kwamen tenslotte veilig in Gibraltar aan land. Maar toen kon de boot ook geen mijl meer verder. Zo ging er een deel van onze bagage naar Southampton. We kregen die ongeveer veertien jaar later terug en moesten toen een pond aan invoerrechten betalen. Intussen reisden wij door Spanje, Frankrijk en Oostenrijk naar Joegoslavië. Tenslotte kwamen we weer terug in Oostenrijk, waar ik een tijdje naar school ging, en toen terug naar Frankrijk in 1923. Daar vestigden we ons uiteindelijk voor de volgende zevenentwintig jaar of daaromtrent.

- Dat is een erg opwindende en romantische jeugd. Maar wat gebeurde er met uw vader? Wat voor werk ging hij doen?

Hij had de diplomatieke dienst natuurlijk verlaten en hij besloot het verleden als volkomen afgedaan te beschouwen. Hij stelde zich medeverantwoordelijk voor al de tragische ontwikkelingen die in Rusland hadden plaatsvonden en besloot daarom ongeschoold arbeider te worden. Hij werkte bij de spoorwegen, in fabrieken, en deed dat soort werk zolang zijn gezondheid het toeliet. Toen ging hij kantoorwerk doen. Maar hij heeft nooit geprobeerd om weer een positie van de vroegere allure in te nemen. Hij voelde dat het verleden voorbij was en dat men de verantwoording op zich moest nemen voor alles wat er in Rusland gebeurd was.

- Uw vader moet een heel bijzonder mens geweest zijn. Kunt u zich nog veel van hem herinneren?

Ik herinner mij een aantal van zijn uitspraken. Er zijn twee dingen die hij gezegd heeft, die zo'n indruk op mij hebben gemaakt, dat ze me mijn hele leven zijn bijgebleven. Een ervan gaat over het leven. Ik herinner me dat hij me na een vrije dag eens zei: 'Ik heb me over jou zorgen gemaakt.' Waarop ik vroeg: 'Dacht u dat ik een ongeluk gekregen had'?' Hij antwoordde: 'Dat zou niet erg zijn geweest, zelfs niet als je er het leven bij gelaten had; ik dacht dat je je eerlijkheid verloren had.' En bij een andere gelegenheid zei hij tegen me: 'Vergeet nooit dat het er niets toe doet of je leeft of sterft. Wat ter zake doet is alleen waarvoor je leeft en waarvoor je bereid bent te sterven.' Dit vormde de achtergrond van mijn vroegste opvoeding en laat iets van de levensvisie zien die ik van hem meegekregen heb.

- Hoe verliep uw eigen vorming tijdens deze periode?

Tijdens mijn schooljaren begon ik, toen ik twaalf jaar was, les te geven aan kinderen die jonger waren dan ik. Zo kon ik de boeken betalen die ik nodig had om door te leren.

- Waarin gaf u les?

In rekenen en alles wat ik al wist en zij nog niet. Later gaf ik Latijn, dat ik heel goed kende, en speelde ik het klaar om op deze manier in mijn levensonderhoud te voorzien terwijl ik op de universiteit studeerde. Gewoonlijk gaf ik iedere avond drie of vier uur les, in natuurkunde, scheikunde of Latijn, en dat leverde me genoeg geld op om van te leven terwijl ik studeerde.

- Dat moet wel een erg hard leven zijn geweest.

Ja, het betekende dat ik op doordeweekse avonden niets aan mijn eigen werk kon doen en dus alles in de weekeinden erin moest pompen. Vaak betekende dat de hele nacht doorwerken. Ik ging dan gewoonlijk om acht uur 's morgens naar bed en sliep tot de middag, dan begon ik weer te werken. Het heeft me bijna gesloopt, maar het stelde mij tenslotte in staat om mijn studies voort te zetten.

- Studeerde u toen geneeskunde?

Na het gymnasium ging ik voor de exacte wetenschappen naar de Sorbonne en studeerde daar natuurkunde, scheikunde en biologie. Na daar te zijn afgestudeerd ging ik geneeskunde studeren en haalde mijn diploma in 1939, juist toen de oorlog uitbrak.

- Dus u was afgestudeerd als arts in 1939?

Inderdaad. Maar in september 1939 werd ik opgeroepen en kreeg ik op twee manieren met de oorlog te maken: aan het begin en aan het eind diende ik in het Franse leger als legerarts en daartussenin zat ik in de Franse verzetsbeweging.

- Heeft u tijdens de Duitse bezetting in een Frans ziekenhuis gewerkt?

Ik werkte enige tijd in een ziekenhuis, maar op zeker moment werd het gevaarlijk omdat ik me had aangesloten bij het verzet en wij ons met verzetswerk hadden ingelaten. Daarom ging ik daar weg en gaf ik een tijdje les op een school.

- U bent nooit opgepakt?

Nee, ik ben bang dat ik nooit een held zal worden, zelfs niet op die manier.

- Welke nationaliteit had u?

Tot 1937 was ik stateloos, maar in 1937 vroeg ik de Franse nationaliteit aan en die heb ik tot nu toe gehouden. Op papier ben ik dus Fransman, maar ik hoor tot die generatie emigranten die in hun hart Russen zijn. Door opvoeding, cultuur enzovoort voel ik me niet tot een van beide beperkt. In Rusland voel ik me Rus, omdat het mijn taal is, mijn land. Toch ben ik het in bepaald opzicht ook niet, want ik ben emigrant. Maar buiten Rusland ben ik weer veel te veel Rus om geheel te kunnen versmelten met het milieu om mij heen.

- Wanneer bent u christen geworden? Was daarbij sprake van een persoonlijk keerpunt?

Dat is in verschillende fasen gegaan. Tot ik een jaar of vijftien was, was ik ongelovig en erg agressief antikerkelijk. Ik kende geen God, en alles wat met de idee van God te maken had, interesseerde me niet en haatte ik zelfs.

- *Ondanks uw vader?*

Ja, want tot aan mijn vijftiende jaar was het leven erg hard geweest. Wij hadden geen gemeenschappelijke woning en ik was op een kostschool waar het er ruig en ruw aan toe ging. Alle leden van ons gezin woonden in verschillende hoeken van Parijs. Pas toen ik ongeveer veertien was, kregen we een huis waar we allemaal samen konden wonen, en dat was een waar geluk en een zegen. Het is een vreemde gedachte dat iemand in een huis in een voorstad van Parijs het volmaakte geluk zou kunnen zien, maar toch was het zo. Voor het eerst sinds de revolutie hadden we nu een huis. Maar daarvoor moet ik nog zeggen dat ik iets had meegemaakt wat me erg bezighield. Toen ik een jaar of elf was, werd ik naar een zomerkamp voor jongens gestuurd. Daar ontmoette ik een priester die rond de dertig moet zijn geweest. Iets in hem trof mij: hij had liefde voor iedereen, en zijn liefde hing er niet van af of wij ons goed gedroegen; ook als wij onhebbelijk waren veranderde zij niet. Het was een vermogen om onvoorwaardelijk lief te hebben. Ik had dit nooit eerder ontmoet in mijn leven. Ik had thuis wel liefde ondervonden, maar dat vond ik een natuurlijke zaak. Ook had ik wel vrienden, en ook dat was natuurlijk, maar ik had nog nooit dit soort liefde ontmoet. Juist omdat ik het niet tot iets anders kon herleiden, kwam deze man mij uiterst raadselachtig en uiterst sympathiek voor. Pas jaren later, toen ik het Evangelie al had ontdekt, kwam het bij mij op dat hij liefhad met een liefde die hem te boven ging. Hij deelde goddelijke liefde aan ons mee, of beter gezegd, zijn menselijke liefde was zo universeel en zo groot en diep, dat ze ons allemaal kon insluiten, of het nu in vreugde of in pijn was, maar altijd binnen een liefde. Deze ervaring was denk ik mijn eerste diepe geestelijke ervaring.

- Wat gebeurde er daarna?

Niets. Ik ging weer naar kostschool en alles ging als tevoren, totdat wij allen in hetzelfde huis kwamen wonen. Toen ik mezelf geconfronteerd voelde met volmaakt geluk, gebeurde er iets heel onverwachts. Ik ontdekte plotseling dat als geluk niet ergens op gericht is, dat het dan ondragelijk is. Ik kon geen doelloos geluk aanvaarden. Ontbering en lijden waren er om overwonnen te worden; daar kwam altijd nog iets achter. Maar geluk scheen mij, omdat het geen verdere zin had en omdat ik in niets geloofde, waardeloos te zijn. Daarom besliste ik dat ik mezelf een jaar zou geven om te zien of het leven enige zin had. Als ik in de loop van dat jaar geen enkele zin kon vinden, besliste ik niet te willen leven, dan zou ik zelfmoord plegen.

- Hoe is het verder gegaan met dat doelloze geluk?

Ik begon te zoeken naar een andere zin voor het leven dan die welke te vinden is in de dingen die je doelbewust nastreeft. Studeren en zich nuttig maken in het leven overtuigden me helemaal niet. Heel mijn leven was tot nu toe gericht geweest op onmiddellijke doeleinden, en deze werden plotseling leeg. Ik voelde in mijzelf iets geweldig dramatisch, en alles om mij heen scheen klein en zinloos. Maanden verstreken zonder dat enige zin voor mij opdoemde. Op een dag - het was tijdens de vasten en ik was toen lid van een Russische jeugdbeweging in Parijs - kwam een van de leiders op mij af en zei: 'We hebben een priester uitgenodigd om voor jullie te spreken, kom je?' Ik antwoordde hevig verontwaardigd dat ik dat niet van plan was. Ik wist niet wat ik met de kerk aanmoest. Ik geloofde niet in God. Ik was niet van plan daar mijn kostbare tijd mee te verdoen. De leider was slim - hij legde uit dat iedereen van mijn groep op precies

GESPREK MET DE SCHRIJVER

dezelfde manier had gereageerd, en als er niemand kwam dan zouden we allen voor schut staan. Want de priester kwam nu eenmaal en wij zouden een slecht figuur slaan als niemand bij zijn causerie aanwezig was. 'Luister dan niet,' zei de leider, 'dat kan mij niet schelen, maar zorg tenminste dat je er zit en lijfelijk aanwezig bent.' Zo veel loyaliteit was ik wel bereid voor mijn jeugdbeweging op te brengen; dus zat ik de hele lezing uit. Ik was niet van plan te luisteren. Maar mijn oren spitsten zich. Ik werd hoe langer hoe meer verontwaardigd. Ik kreeg een visie op Christus en het christendom voorgeschoteld, die mij ontzettend tegenstond. Toen de lezing uit was, rende ik naar huis met de bedoeling om wat er gezegd was op zijn waarheid te testen. Ik vroeg mijn moeder of ze een uitgave van het Nieuwe Testament had. Want ik wilde weten of het Evangelie de bespottelijke indruk die ik van de causerie had overgehouden, zou bevestigen. Ik verwachtte niets goeds van mijn lectuur. Zo vergeleek ik het aantal hoofdstukken van de vier Evangelies om zeker te zijn dat ik het kortste te pakken had om niet onnodig tijd te verdoen. Ik begon aan het Evangelie van Markus. Toen ik het begin van het Markusevangelie zat te lezen, nog voordat ik bij het derde hoofdstuk aankwam, bemerkte ik plotseling dat er aan de andere kant van de tafel iemand aanwezig was. En de zekerheid dat het Christus was die daar stond, was zo sterk, dat mij die altijd is bijgebleven. Dit was het eigenlijke keerpunt. Omdat Christus leefde en ik in Zijn tegenwoordigheid was geweest, kon ik met zekerheid zeggen dat wat het Evangelie over de kruisiging van de profeet uit Galilea zei, waar was en dat de honderdman gelijk had toen hij zei: 'Waarlijk, deze is de zoon van God.' Omdat ik het verhaal van het Evangelie las in het licht van de Verrijzenis, gaf het mij zekerheid; ik besefte dat alles daarin waar was, omdat het onmogelijke gebeuren van de Opstanding voor mij zekerder was dan welke historische gebeurtenis ook. Geschiedenis moest ik geloven, de opstanding was voor mij een feit. Zoals u ziet, ontdekte ik niet het Evangelie dat begint met zijn eerste bericht van de boodschap aan Maria. Het ontvouwde zich aan mij niet als een verhaal dat men al dan niet kan geloven. Het begon als een gebeuren dat alle geloofsproblematiek achter zich liet, omdat het een directe en persoonlijke ervaring was.

- En is u deze overtuiging uw hele leven bijgebleven? Zijn er geen tijden geweest dat u twijfelde aan uw geloof?

Ik werd er volkomen zeker van dat Christus leeft en dat aan bepaalde dingen geen twijfel mogelijk is. Ik beschikte niet over alle antwoorden, maar eenmaal door die ervaring geraakt, was ik er zeker van dat mij antwoorden, visies, mogelijkheden gegeven zouden worden. Dit is wat ik bedoel met geloof: het is geen twijfel in de zin van leven-in-verwarring-en-verbijstering, maar het is wel een tastend zoeken naar de werkelijkheid van het leven, het soort onzekerheid dat je prikkelt om meer te vragen en te ontdekken, dat je prikkelt om na te vorsen.

- Wanneer bent u tot priester gewijd?

Ik werd in 1948 gewijd, maar tevoren deed ik mijn monniksgeloften. Dit deed ik in stilte want openlijk monastieke geloften afleggen en tegelijk arts zijn, dat ging niet samen. Zo leidde ik een soort monnikenbestaan onder de dekmantel van mijn medisch werk. Ik probeerde innerlijk trouw te zijn aan de geloften van standvastigheid, armoede, zuiverheid en gehoorzaamheid, maar moest dit alles gestalte geven in mijn situatie van medicus, eerst tijdens de oorlog en daarna in vredestijd, toen ik huisarts werd. Op het moment dat ik priester werd, kwam het feit dat ik geloften had afgelegd openlijk uit. Tegenwoordig hebben we zo'n tekort aan priesters, dat niemand van mijn leeftijd die monnik werd om een afgezonderd en teruggetrokken leven te gaan leiden, daartoe de kans kreeg. Wij werden allen door onze bisschop geroepen om te worden ingezet voor het pastoraal werk.

- U bent nog steeds monnik...

Zeker.

- Maar u woont om zo te zeggen op het marktplein.

Ik denk niet dat het enig verschil maakt of men op het marktplein woont dan wel in de woestijn. Financieel arm zijn is in zekere zin veel makkelijker dan innerlijk arm en onthecht te zijn. Dat is heel moeilijk te leren en iets wat van lieverlee gebeurt, van jaar tot jaar. Je leert werkelijk de dingen waarderen, naar de mensen te kijken en de stralende schoonheid die hun eigen is te zien zonder te verlangen dat alles zelf te bezitten. Een bloem plukken betekent ze in bezit nemen, en het betekent ook ze doden. De gelofte van armoede doet me de dingen veel meer waarderen. Maar allereerst moet je leren innerlijk vrij te zijn. Er zijn momenten dat je je letterlijk op een afstand moet plaatsen om te kunnen begrijpen wat het voor iets of iemand betekent om zijn eigen recht van bestaan te hebben en niet zomaar de weerspiegeling te zijn van jouw gevoelens.

Als wij zeggen 'ik hou van jou' gebeurt het zo vaak dat we dit zeggen met de nadruk op 'ik' in plaats van op 'jou'. Wij gebruiken houden-van als een koppelwoordje in plaats van als een werkwoord dat een actie impliceert. Het is niet goed om zomaar de ruimte in te staren in de hoop de Heer te zien. We moeten juist van dichtbij naar onze naaste kijken als naar iemand wiens bestaan door God is gewild, iemand voor wie God zijn leven heeft gegeven. Iedereen die wij ontmoeten heeft recht op bestaan, want hij heeft waarde in zichzelf, en daar zijn wij ons niet altijd van bewust. De aanvaarding van het anderszijn lijkt ons een gevaar, het bedreigt ons. Andermans recht erkennen om zichzelf te zijn kan betekenen het recht erkennen om mij te vermoorden. Maar als wij aan dit bestaansrecht een grens stellen, dan is dat recht er helemaal niet. Liefhebben is moeilijk. Christus werd gekruisigd omdat Hij een wijze van liefhebben propageerde, die de mensen angst aanjaagt, een wijze van liefhebben namelijk die totale overgave vraagt en dat betekent de dood.

- Wat bedoelt u daarmee?

Als wij ons tot God richten en van aangezicht tot aangezicht met Hem komen te staan, dan moeten we bereid zijn de prijs daarvoor te betalen. Als we niet bereid zijn de prijs te betalen, dan moeten we door het leven gaan als een bedelaar in de hoop dat iemand anders voor ons wil betalen. Maar als we ons tot God keren, dan zullen we ontdekken dat het leven zinvol is, groots, en ontzaglijk de moeite waard om te worden geleefd.

- Als ik nog eens mag terugkomen op de tijd dat u in het verborgene monnik was terwijl u werkzaam was als arts: wat heeft deze ervaring u geleerd?

Ik zal u een voorbeeld geven uit de praktijk. In het ziekenhuis waar ik als legerarts werkte, kwam eens een Duitser binnen met een vinger verbrijzeld door een kogel. De hoofdarts deed de ronde, keek naar de vinger en zei: 'Zet hem maar af.' Dat was een erg snelle en makkelijke beslissing; het zou maar vijf minuten vergen om het te doen. Toen zei de Duitser: 'Is er niemand die Duits kent hier?' Ik sprak met de man en kreeg te horen dat hij horlogemaker was, en als zijn vinger zou worden geamputeerd, dan zou hij waarschijnlijk nooit meer zijn beroep kunnen uitoefenen. Zo kwam het dat we vijf weken bezig waren met het behandelen van zijn verbrijzelde vinger, en dat hij het ziekenhuis kon verlaten met vijf vingers in plaats van maar vier. Hiervan leerde ik dat het feit dat hij horlogemaker was even belangrijk was als al het andere. Ik wil maar zeggen dat ik geleerd had

GESPREK MET DE SCHRIJVER

de menselijke belangen voorop te stellen. Dat zette mij aan tot bidden met een vaste formule, staande voor God van aangezicht tot aangezicht en in alle eenvoud met Hem verkerend.

- En kwam u toen na uw wijding naar Engeland?

Ik kwam eind januari 1949 naar Engeland om kapelaan te worden van het Anglicaans-Orthodox genootschap van St. Albanus en St. Sergius, hetgeen wel wat gewaagd mag klinken als u bedenkt dat ik toen geen woord Engels kende.

- Ik veronderstel dat het u niet te veel tijd gekost heeft om Engels te leren.

Niet om het primitieve Engels te leren dat volstond om mij zo'n beetje te redden en dat me in staat stelde om heel wat van de grappen en het gelach ten koste van mij te kunnen begrijpen.

- Ondervindt u nu nog enige moeilijkheid in de communicatie? Per slot van rekening is het christelijke geloof niet iets wat de mensen makkelijk en spontaan begrijpen.

Dat is voor mij geen probleem. Waar ik naar streef is midden in het leven te staan en er helemaal in op te gaan en er toch niet in onder te gaan. Mijn fundamentele houding is dat ik mezelf nooit afvraag wat het resultaat zal zijn van een of ander optreden. Dat is Gods zaak. De enige vraag die ik mezelf steeds blijf stellen in het leven is: Wat moet ik doen op dit speciale ogenblik? Wat moet ik zeggen? Al wat je kan doen is op elk moment zo waarachtig te zijn als je kan met al de kracht waarover je beschikt. En laat het dan aan God over hoe Hij gebruik van je maakt, ondanks jezelf.

Als ik moet spreken, dan spreek ik met al wat er in mij is aan geloof en overtuiging. Ik sta voor wat ik zeg. Niet de woorden zelf zijn van belang, maar wel of men weet af te dalen tot het niveau waar de overtuigingen der mensen wortelen. Hier ligt het fundament van de communicatie, hier is het waar we elkaar werkelijk ontmoeten. Als mensen om mij willen lachen, dan is dat best; maar als er een vonkje op hen overspringt en wij met elkaar kunnen praten, dan wil dat zeggen dat we werkelijk over iets praten wat ons diep raakt.

- Vindt u dat het moderne Engelse leven het moeilijk maakt om te spreken over het Evangelie?

Ja, want het Evangelie moet niet alleen het intellect maar het hele bestaan raken. De Engelsen zeggen vaak: 'Dat is interessant, laten we het daar eens over hebben, die gedachte moeten wij eens nader onderzoeken' - maar in werkelijkheid doet men er niets mee. God ontmoeten betekent het 'hol van de leeuw' binnengaan. Het is geen lief poesje dat je ontmoet, het is een leeuw. Het Koninkrijk Gods is gevaarlijk, je moet er binnengaan en er niet alleen maar informatie over willen inwinnen.

- Was er iets dat u bijzonder trof toen u hier kwam?

Toen ik in Engeland aankwam, was ik ontdaan over de houding die de Britten aannemen tegenover de dood. Sterven leek bijna een ongepastheid. Als je zo diep gezonken was dat je stierf, dan kwamen er speciale mensen, ondernemers, om je op te pakken en klaar te maken voor de begrafenis. Een week of twee daarna is er dan een mooie dienst ter nagedachtenis, waarbij men zijn gevoelens sublimeert in een soort geestelijke sfeer. Ook herinner ik me dat ik eens ging preken in de universiteitskerk van Cambridge. Ik had als onderwerp de dood genomen. Een priester vertelde me daar toen dat hij nog nooit een dode had gezien. Waarom deze ziekelijke houding tegenover de dood? De achterdeur is toch niet de gewone weg om van mensen af te komen? Als de dood niets anders is als de vernietiging, als het einde van het leven, dan is het niet aardig voor de familie om er naar te kijken en te denken dat zijzelf ook weldra aan de beurt zullen zijn. Natuurlijk, als je er een verkeerde houding tegenover

GESPREK MET DE SCHRIJVER

aanneemt, dan wordt de dood hoe langer hoe vreselijker en schrikwekkender.

Ik herinner me een ander voorval. Een oude dame stierf en de familie belde mij op om te vragen of ik kwam; ik was namelijk met hen bevriend. Toen ik aankwam, zag ik geen spoor van de kinderen. Ik vroeg waar ze waren, want in de orthodoxe kerk gaan de kinderen altijd naar de dode kijken en blijft de kist open. De moeder zei: 'Ze zullen er bang voor zijn, ze weten al wat dood zijn is.' Het bleek dat de kinderen heel kort daarvoor een dood konijn hadden gezien dat door een auto was overreden. Daarom dachten de ouders dat ze zouden schrikken als ze oma zagen. Ik vroeg of de kinderen mochten komen, anders zouden ze - zei ik tegen de ouders - misschien altijd die vrees voor de dood houden. Tenslotte vonden de ouders goed dat de kinderen kwamen en wij gingen met hen naar het vertrek waar oma lag. We stonden een poosje stil naast het bed toen een van de kinderen zei: 'Wat is oma mooi'. De dood was niet langer iets vreeswekkends, iets om bang voor te zijn.

- *U heeft niets over uw moeder verteld; toch veronderstel ik dat ze u erg na stond.*

Mijn moeder was een wondere vrouw, heel eenvoudig en open. Mijn eigen ervaring met de dood kreeg ik door haar; zij had namelijk kanker. Haar leven kreeg een enorme betekenis: alles wat we zeiden of deden kon een laatste gebaar zijn, alles moest veertig jaren van liefde belichamen.

- *Dat u emigrant bent en het gevoel hebt nergens echt thuis te horen, moet door u wel belangrijk zijn geweest. Als u nu terugkijkt op uw leven, zoudt u dan geneigd zijn te zeggen dat uw christelijk geloof door deze ervaring werd beïnvloed?*

Ik denk wel dat dit waar is. Tijdens de revolutie verloren we de Christus van de grote kathedralen, de Christus van de rijk uitgebouwde liturgieën. En we ontdekten de Christus die kwetsbaar is precies zoals wij. We ontdekten de Christus die was verworpen precies zoals wij waren verworpen. En wij ontdekten de Christus die niets bezat op het kritieke ogenblik, zelfs geen vrienden. Dit leek op onze eigen ervaring. God helpt ons als er niemand anders is om te helpen. God is aanwezig op het punt van de grootste spanning, op het breekpunt, midden in de storm. In zekere zin ligt er wanhoop besloten in alle dingen, maar we moeten bereid zijn om daar doorheen te stoten. We moeten ons voorbereiden op een periode dat God er niet is voor ons en we moeten erop bedacht zijn niet te proberen een valse God in de plaats te stellen. Zoals ik beschreven heb, kwam op een keer een meisje bij me op het spreekuur, die de Evangelies veroordeelde zonder ze gelezen te hebben. Tijdens haar wittebroodsweken ging ze met haar man naar de bioscoop en plotseling werd ze blind. Later werd ontdekt dat ze leed aan een ongeneeslijke ziekte. In het laatste stadium van haar ziekte schreef ze mij: 'Mijn hart heeft niet de kracht om me naar God op te werken.' Ze had de moed om deze echte afwezigheid te aanvaarden, ze wilde geen valse God tot troost in zijn plaats. De geweldige moed van deze vrouw maakte op mij een ontzettende indruk en ik heb dit nooit kunnen vergeten. Het moment dat God afwezig is, dat Hij zwijgt, dat is het begin van het gebed. Niet wanneer wij een heleboel te zeggen hebben, maar wanneer wij tot God zeggen: 'Ik kan niet leven zonder U, waarom bent U zo wreed dat U zwijgt?' Het besef dat wij zullen sterven als wij niet vinden, helpt ons door te breken naar de plek van Zijn Tegenwoordigheid. Als wij luisteren naar wat ons hart weet van liefde en verlangen en als wij nooit bang zijn voor wanhoop, dan zullen we ontdekken dat de overwinning daar altijd de andere kant van is. En dat moment komt als ons hart verlangt naar God zelf, niet naar zijn gaven maar naar God zelf. Er is droefheid in de blik die diep wordt en schouwt in de oneindigheid, vaak midden in vervulling en geluk. Er is verlangen naar een thuis, maar een thuis dat niet geografisch is begrensd, een thuis waar liefde wordt gevonden en diepe levensvervulling.

- Ik herinner me dat u eens gezegd heeft: 'Ik ben gek, maar het is een vreemd soort afwijking, want andere mensen willen het ook krijgen.' Wat bedoelde u daarmee?

Als christen leef je altijd in een spanning: in angst en tegelijkertijd in vrede. Dat is gek, belachelijk. Maar het is zo, we aanvaarden de donkere nacht evengoed als de schittering van de dag. We moeten een daad van overgave stellen: als ik in Christus ben, dan komen er ogenblikken dat ik de kreet van de Heer aan het kruis en zijn angst in de hof van Gethsemane moet delen. Er is een vorm van er-onder-door-gaan, zelfs in ons geloof. En dat is een manier van delen in de angst van de Heer. Ik geloof niet dat wij ooit mogen zeggen: 'Dit kan mij niet overkomen.' Als wij christenen zijn, dan moeten we het leven en de wereld nemen voor wat ze zijn en niet proberen een valse wereld te scheppen. Maar van de andere kant is de christen als iemand die in een driedimensionale wereld leeft terwijl de meerderheid van de mensen in twee dimensies leeft. Mensen die vrij en in het perspectief van de eeuwigheid leven, zullen altijd vinden dat er iets fout is. En zij zullen altijd zien dat zijzelf daarop worden aangekeken. Hetzelfde probleem deed zich voor bij de eerste christenen, die zeiden dat God hun enige koning was. De mensen keerden zich tegen hen en zeiden: 'Als je dat zegt dan ben je ontrouw aan onze koning' en vaak vervolgden ze hen. Maar de enige juiste manier om trouw te zijn aan deze tweedimensionale wereld is trouw te zijn aan de driedimensionale wereld, omdat de wereld in werkelijkheid drie dimensies heeft. Als je werkelijk leeft in drie dimensies en niet eenvoudig in twee terwijl je de derde erbij denkt, dan zal het leven gezond en zinvol zijn. De eerste christenen waren hiertoe in staat, en ook de christenen van vandaag moeten dat kunnen.

- Ik zou u een laatste vraag willen stellen, en wel over Rusland. U gaat daar heel vaak heen. Wat gaat u daar doen?

Ik ga eens per jaar naar Rusland om aan de patriarch verslag uit te brengen over het kerkelijke leven in West-Europa, om gastcolleges te geven aan de theologische hogescholen en ook om voeling te houden met de Russische kerk. Ik celebreer daar, ik preek in de kerken en praat met de gewone mensen.

- Bent u politiek geëngageerd?

Wat wij hebben proberen te bereiken is een vruchtbare spanning tussen het onvoorwaardelijke toebehoren tot de kerk van Rusland enerzijds en het feit dat we politieke emigranten zijn anderzijds. In deze positie van spanning, tussen kerklidmaatschap en staatsburgerschap, is ons kerklidmaatschap veel vrijer dan wanneer de verhouding tussen kerk en staat beter was geweest.

- Hoeveel praktiserende gelovigen telt Rusland vandaag?

Niet weinig, denk ik. Volgens de statistieken mogen we aannemen dat we in Rusland ongeveer dertig miljoen kerkgangers hebben. En dat is een groot aantal na vijftig jaar van systematische uitroeiing van het geloof door strenge geweldmaatregelen tijdens het bewind van Stalin en de systematische propaganda daarna. In elk geval is er bij de jonge mensen in Rusland geleidelijk meer interesse gekomen voor aangelegenheden van spirituele aard. Ook is er een groeiend aantal jonge mensen dat naar de kerk komt, hetzij ter kennismaking hetzij om zich blijvend aan te sluiten. Er is een grote groep jongeren bij wie God en geestelijke dingen in het middelpunt van de belangstelling staan.

- Wanneer ik u zo hoor spreken - ik bedoel niet als u vertelt

GESPREK MET DE SCHRIJVER

over Rusland, maar in het algemeen - dan heb ik de indruk dat u hoge eisen stelt aan de mensen. U sprak daarstraks over 'de prijs betalen' en u draagt ook het gevoel uit dat de dood niet zo belangrijk is.

Ik denk dat dat waar is. Misschien kan ik dit illustreren met een gebeurtenis uit de jongste geschiedenis van de Russische kerk. Ik denk dat deze laat zien wat ik probeerde te zeggen over het christen-zijn. In de jaren van de burgeroorlog, toen de elkaar vijandige legers in strijd gewikkeld waren om de macht en in de loop van drie jaar telkens op elkaar grond veroverden en weer verloren, viel een klein stadje, dat bezet was geweest door de achterhoede van de keizerlijke troepen, in handen van het Rode Leger. Een vrouw met haar twee kleine kinderen, vier en vijf jaar oud, bevond zich daar in doodsgevaar, omdat haar man behoorde tot het vijandelijke kamp. Ze hield zich verborgen in een verlaten huis in de hoop dat ze nog kans zou krijgen om te ontsnappen. Op een avond klopte Natasja, een jonge vrouw van haar eigen leeftijd, begin twintig, op de deur en vroeg of zij die-en-die was. Toen de moeder bevestigend antwoordde, waarschuwde de jonge vrouw haar dat ze was ontdekt en dat ze nog diezelfde nacht zou worden gehaald om te worden gefusilleerd. 'Je moet onmiddellijk vluchten,' voegde de jonge vrouw eraan toe. De moeder keek naar haar kinderen en zei: 'Hoe zou ik dat kunnen?' De jonge vrouw, die tot dusver niet meer dan de buurvrouw van ernaast was geweest, werd op dat ogenblik de naaste van het Evangelie. Ze zei: 'Toch wel, want ik zal achterblijven en me noemen bij jouw naam als ze je komen halen.' 'Maar ze zullen je neerschieten,' zei de moeder. 'Ja, maar ik heb geen kinderen,' zei ze en ze bleef achter. Wij kunnen ons voorstellen wat er toen gebeurde. We zien de avond vallen, die deze hut hult in duisternis, somberheid en kille nevel. We zien daar een vrouw die haar naderende dood zit af te wachten en we worden herinnerd aan de hof van Getsemane. We kunnen ons voorstellen hoe Natasja vraagt dat deze kelk haar mag voorbijgaan en hoe zij als Christus te staan komt tegenover God die blijft zwijgen. We kunnen ons voorstellen hoe haar gedachten uitgaan naar hen die haar misschien hadden kunnen helpen, maar die nu buiten bereik zijn. De leerlingen van Christus sliepen, en ook zij kon zich tot niemand wenden zonder de zaak te verraden. We kunnen ons voorstellen dat zij meer dan eens bad dat haar offer tenslotte niet vergeefs zou zijn. Natasja vroeg zich misschien meer dan eens af wat er met de moeder en de kinderen zou gebeuren als zij dood was. En daar was geen ander antwoord dan het woord van Christus: 'Niemand heeft groter liefde dan wie zijn leven geeft voor zijn vrienden.' Misschien dacht ze meer dan eens dat zij op staande voet veilig zou kunnen zijn! Ze hoefde de deur maar te openen en op het moment dat ze op straat stond, zou ze niet langer deze vrouw zijn en werd ze weer wie zij was. Ze hoefde haar valse, aangenomen identiteit maar te loochenen. Maar ze stierf, door de kogel. De moeder en de kinderen ontsnapten.

APPENDICES

BIOGRAFISCHE SCHETS
VAN METROPOLIET ANTHONY
VAN SOUROZH (1914-2003)

Metropoliet Anthony (André Bloom) van Sourozh werd geboren in Lausanne op 19 juni 1914. Zijn kinderjaren bracht hij door in Rusland en Perzië: zijn vader was lid van het corps diplomatique van het Russische keizerrijk. Zijn moeder was de zuster van de componist Alexander Skrjabin. Tijdens de Russische revolutie moest het gezin Perzië verlaten. Ze kwamen naar Parijs, waar de toekomstige aartsbisschop zijn vorming genoot aan de universiteit. Hij voltooide er zijn studies in natuurkunde, scheikunde en biologie, en promoveerde in de geneeskunde. Bij het uitbreken van de Tweede Wereldoorlog diende hij als officier in het Franse leger. In 1939, nog vóór zijn vertrek naar het front om daar als arts te werken, legde hij de monastieke gelofte af. Hij ontving de officiële monnikenwijding (tonsuur) in 1943 en ontving toen de naam Anthony. Na de val van Frankrijk werkte hij als arts in een van de ziekenhuizen van Parijs. In de bezettingsjaren nam hij ook deel aan het verzet. In Parijs was hij huisarts tot hij in 1948 tot priester werd gewijd, en in 1949 ging hij naar Londen als orthodox geestelijke voor het Genootschap van St. Alban en St. Sergius. In 1950 volgde

BIOGRAFISCHE SCHETS

zijn benoeming tot vicaris van de Russische patriarchale parochie in Londen. In 1957 werd hij tot bisschop gewijd, in 1962 werd hij aartsbisschop van de Russische Kerk in Groot-Brittannië en Ierland. In 1963 volgde zijn benoeming tot exarch voor West- Europa van het Patriarchaat van Moskou en in 1966 kreeg hij de rang van metropoliet. Op zijn eigen verzoek werd hij van de functie van exarch vrijgesteld in 1974 met het oog op zijn pastorale activiteiten voor de fors groeiende Orthodoxe gemeenschappen van zijn Diocees en vanwege de vele mensen die hem om geestelijk advies en hulp verzochten.

De aartsbisschop nam actief deel aan interkerkelijke en oecumenische activiteiten. Hij was lid van de Russische delegatie bij de Wereldraad van Kerken in New Delhi in 1961, in Genève in 1966 en in Utrecht in 1972.

Metropoliet Anthony heeft eredoctoraten ontvangen van de Universiteit van Aberdeen ('voor de prediking van Gods Woord en de vernieuwing van het geestelijke leven van dit land'), van de Theologische Academie van Moskou ('voor zijn theologische, pastorale en homiletische werk'), van de Universiteit van Cambridge en van de Theologische Academie van Kiev. Zijn eerste boeken over gebed en het geestelijke leven (zie hierna) werden in Engeland gepubliceerd, en deze teksten worden nu in Rusland wijd en zijd gepubliceerd, zowel in boekvorm als in periodieken.

Zijn Eminentie Metropoliet Anthony van Sourozh stierf in vrede op 4 Augustus 2003, op de leeftijd van 89 jaar.

SELECTE LIJST

VAN WERKEN VAN METROPOLIET ANTHONY VAN SOUROZH

Er zijn drie categorieën uit het omvangrijke oeuvre van de Metropoliet die hier van belang zijn:

i. *Homilieën/Preken*; ii. *Lezingen/Redes/Toespraken*; iii. *Geestelijke werken*.

i. *Homilieën/Preken [de cycli van de Grote Vasten en de Paastijd]*

(Raadpleeg voor de teksten de website van *Metropolitan Anthony of Sourozh: Sermons and Talks*)

An Introduction to Lent (Talk given on 17 February 1968 to the London Group of the Fellowship of Saint Alban and Saint Sergius and their friends; publ. in *Sourozh* 1987. N. 27. p. 3-13.

Sunday of Zacchaeus & the new martyrs of Russia (on 5 Febr. 1995)

Prodigal Son (on 3 February 1991)

Publican and Pharisee (on 4 February 1990)

Sunday of the Last Judgement (on 13 Febr. 1972)

Sunday of Forgiveness (on 12 March 1989)

Sunday of Orthodoxy (on 16 March 1997)

Saint Gregory of Palamas Sunday (on 11 March 1990)

Saint John of the Ladder (on 9 April 1989)
Sunday of the Cross (on 18 March 1990)
Saint Mary of Egypt (on 16 April 1989)
The Lords's Entry into Jerusalem (on 30 March 1980)
Easter Sermon (in 1985; publ. in *Sourozh* 1986. N. 24, p. 1-2)
St Thomas Sunday (on 30 April 1995)
Feast of the Myrrh-Bearing women, St Joseph of Arimathea and St Nicodemus (on 11 May 1997)
Sunday of the Paralytic (on 21 May 2000)
The parable of the merciful Samaritan (on 30 Nov. 1997)
Sunday of the Man born blind (on 14 May 1972)
Annunciation (on 7 April 1989)
Sunday between Ascension and Pentecost (on 18 May 1980)
Day of the Holy Spirit (on 19 June 1989)
All Saints Sunday (on 25 June 1989)

ii. *Lezingen/Redes/Toespraken*

Address of Metropolitan Anthony of Sourozh at his consecration as Bishop of Sergievo on 30 November 1957.

"Some Aspects of the Doctrine of Creation": An Address given at the Conference at Broadstairs, 1963. (Sobornost, Series 4, №10, Winter-Spring 1964, pp. 551-557)

"About the contribution of Orthodoxy", in: *The dialogue of East and West in Christendom. Lectures delivered at a Conference arranged by the Fellowship of St Alban and St Sergius in Oxford*, March 10th, 1963. L.: Faith Press, 1963, p. 16-20.

"Prayer and Life" (Article from "Lumen Vitae", Vol. XXIV, № 4 [II. Testimonies], 1969, Brussels, p. 608-620).

"My monastic life", in *Cistercian studies*, 1973. N.3, p. 187-197.

"On Death": Edited version of two addresses given at the

Fellowship Conference 1978. (Published in *Sobornost* vol.1, № 2, 1979, p. 8-18).

Adress on receiving an honorary Doctorate of Divinity from the Moscow Theological Academy on 3 February 1983, in the Lavra of St. Sergius of Radonezh at Zagorsk.

"Geestelijk leiderschap in de Orthodoxe Kerk": Ned. Vert.: Lezing gehouden op 1 Mei 1985: (herdruk Eindhoven, 2008).

"The Church of the Councils: the 'onslaught of the intellect and the potential of doubt'": Edited version of the Lev Gillet Memorial Lectures 1987: (published in Sobornost, 9.2 (1987).

"The Prayers of the Liturgy" (on 15 July 1990)

"On the Church: A catechetical exercise", in *Sourozh*, 1992. N. 48., p. 6-16.

"The hierarchical structures of the Church", in *Sourozh*, 1993. N.53. p. 1-8.

"Where has the Church gone wrong? A Royal Priesthood : the role of the Laity in the Church...", Publ. RODS, 1995. p. 58-72.

"The whole human person: Body, Spirit and Soul": Lecture for: To Be What We Are: The Orthodox Understanding of the Person: A Conference of the Diocese of Sourozh: Headington, 1996, p. 5-14. (Published by the Russian Orthodox Diocese of Sourozh, 1997).

"Introduction; Meeting a Non-Orthodox Society. Our Orthodox presence in Great Britain", in RODS,1996. p. 1-4, 39-48.

"Sacred Materialism in Christianity", in *The Experience of the Incarnation: The Body as the Temple of the Holy Spirit*, London: St Stephen's Press, 1998, p. 10-19.

"Where have we Orthodox failed our calling?". Seminar on the Jesus Prayer, *Where have we Orthodox failed our calling?: Diocesan conference, 22-25 May 1998*, in RODS, 1999. p. 3-14; 48-59.

"The Comforter': our Support and Strength for Mission", in *The Gift of the Holy Spirit: The Church as a Continual Pentecost*, St Stephen's Press, 2000, p. 11-22.

iii. Geestelijke werken

Asceticism (Somato-psychic Techniques), London, 1957.

Living Prayer, London, 1966. [reprint 1975; Ned.: *Tijd voor Gebed*, Antwerpen, 2de druk, 1973]

School for Prayer, London, 1970. [2nd ed. En reprint 1999; (Ned.: *De Weg naar Binnen*, Nijmegen, 1972)]

God and Man, London, 1971. [reprint 1974]

Meditations on a Theme: a spiritual journey, London and Oxford, 1972. [Ned.: *Gerichte Meditaties*, Nijmegen, 1974)]

Courage to pray, London: Darton, Longman & Todd, 1974. [Transl. from French].

The essence of prayer: Living prayer; School for prayer; God and man; Courage to pray, London: Darton, Longman & Todd, 1986. [1989]

Preface to: *The Sayings of the Desert Fathers. The Alphabetical Collection*, translated with a Foreword by Benedicta Ward, Preface by Metropolitan Anthony, (Cistercian Studies Series no 59), Cistercian Publications, Kalamazoo, Mich. 1984.

BEKNOPTE BIBLIOGRAFIE
UIT DE RUSSISCHE GEESTELIJKE LITERATUUR

Hoewel de Metropoliet herhaaldelijk in zijn geschriften blijk geeft van diepe belezenheid in en verbondenheid met de vaders, zowel met de Byzantijnse als met de Russische, heeft hij toch veel bronnen onvermeld gelaten. Op zelfstandige en vernieuwende wijze heeft hij krachtig en vol de Russische geestelijke traditie, waar hij zelf uit voortkwam en uit putte, doorgegeven aan de volgende generaties. Welke Russische vaders dat zijn (de Griekse laten we hier buiten beschouwing), wordt in het onderstaande duidelijk gemaakt. Metropoliet Anthony trad enerzijds in de voetsporen van de grote homileten van de Russisch-Orthodoxe kerk (bijv. Metropoliet Philaret van Moskou) en maakte anderzijds deel uit van de lijn van spiritueel-ascetische vaders (bijv. Aartsbisschop Theophan de Kluizenaar).

De Russische vaders die expliciet genoemd worden in het oeuvre van de Metropoliet (zoals Starets Silouan de Athoniet, Theophan de Kluizenaar, Ignati Brianchaninov, Seraphim van Sarov, het anonieme werkje *De Weg van een Pelgrim*, de *Dobrotolubie*, e.a.) worden in ieder geval mee opgenomen in het volgende beknopte overzicht uit de Russische geestelijke literatuur.

Helaas zijn de meeste werken alleen in Engelse vertaling beschikbaar; maar we noemen wel de Nederlandse vertalingen wanneer die bestaan. De Russische titels zijn aangehouden om zo dicht mogelijk bij de eigenlijke tekst te blijven (wat namen en boektitels betreft); de vertalingen zijn er steeds aan toegevoegd tussen haken.

* * *

Silouan de Athoniet (1866-1938)

Archimandrite Sofrony (Sacharov), Paris, 1952.

Archimandrite Sofrony (Sacharov), *The Undistorted Image: Staretz Silouan, 1866-1938*, trans. [partial] by Rosemary M. Edmonds, London, 1958. [Reprint, 1991].

Archimandriet Sophrony (Sacharov), *Silouan de Athoniet*, 2de uitgave, Tilburg: Stichting Orthodox Logos, 2007.

Chariton van Valamo (1872-1947)

Igumen Chariton of Valamo (ed.), : [Lett. Geestelijke Arbeid. Over het Jezusgebed. Verzameling van onderrichtingen inzake de beproefde daden der heilige vaders], Monastery of Valamo, 1936. [Deel I].

[Lett. Wat het Jezusgebed is overeenkomstig de traditie van de Orthodoxe Kerk. Gesprekken tussen een monnikstarets en een seculier priester, Monastery of Valamo, Finland, 1938]. [Deel II].

[Verzameling over het Jezusgebed], (ed. Igumen Chariton), Moskva, 2003. Herdruk van Deel I-II].

Igumen Chariton of Valamo (ed.), *The Art of Prayer. An Orthodox Anthology*, trans. E. Kadloubovsky and E.M. Palmer, Ed. with an Introduction by Timothy Ware, London, 1978. [Gedeeltelijke Engelse vertaling].

Anonieme Russische auteur(s)

Откровенные рассказы странника духовному своему отцу [*De Ware Verhalen van een Pelgrim aan zijn geestelijke vader*], Kazan, 1884. [Deel I].

[*Uit de Verhalen van een Pelgrim over zijn gezegende ervaringen met het Jezusgebed*], Lavra van de H. Sergi, Moscow, 1911. [Deel II].

The Way of a Pilgrim, tr. by R.M. French, London, 1930. [Reprint with Introduction by Metropolitan Anthony of Sourozh 1987].

The Way of a Pilgrim and The Pilgrim Continues His Way, trans. from the Russian by R.M. French, New York, 1998.

De Weg van een Pelgrim, bew. [uit het Engels] door C. Verhulst, 1941. [herdruk, Den Haag, 1979; Synthese, 2004].

De Openhartige Verhalen van een Russische pelgrim, eerste integrale Nederlandse vertaling uit de grondtekst, ingel. en vert. [uit het Russisch], door André De Neve, Antwerpen, 1978.

Johannes van Kronstadt (1829-1908)

E.E. Goulaeff (ed./vert.), *My Life in Christ or Moments of Spiritual Serenity and Contemplation, of Reverent Feeling, of Earnest Self-Amendment, and of Peace in God: Extracts from the Diary of St. John of Kronstadt (Archpriest John Iliytch Sergieff)*, Jordanville, New York, 1994. [Partial translation; originally printed: London, 1897].

W. J. Grisbrooke (ed./vert.), *The Spiritual Counsels of Father John of Kronstadt. Select Passages from My Life in Christ edited and introduced*, Crestwood, N.Y., 1981. [1st ed. 1967].

Theophan (Govorov) de Kluizenaar (1815-1894)

Theophan Govorov (the "Recluse") (ed.), , translated and edited into Russian, in 5 vols., 4th edition, Moskva: the Russian monastery Panteleimon at Athos, 1877-1905. [I.

1877, II. 1884, III. 1888, IV-V. 1889, Index 1905, 6 vols.] [Reprint: in 5 vols. by the Monastery of the Holy Trinity, Jordanville, New York, 1963-1966]

E. Kadloubovsky and G.E.H. Palmer, *Writings from the Philokalia on Prayer of the Heart*, trans. from the Russian Text, 'Dobrotolubiye', London, 1962 [1ste uitgave 1951].

E. Kadloubovsky and G.E.H. Palmer, *Early Fathers from the Philokalia, together with some writings of St Abba Dorotheus St Isaac of Syria and St Gregory Palamas*, selected and translated from the Russian text DOBROTOLUBIYE, London, 1969 [1ste uitgave 1954].

The Path to Salvation. A Manual of Spiritual Transformation, by St. Theophan the Recluse, trans. by Fr. Seraphim Rose, St. Paisius Abbey, 1998.

The Spiritual Life and how to be attuned to it, by St. Theophan the Recluse, trans. by A. Dockam, St. Paisius Abbey, 1996.

Ignati (Brianchaninov) (1807-1867)

On the Prayer of Jesus. From the Ascetic Essays, London, 1965. [Collected Works, vol. II: Ascetical Essays].

The Arena, An Offering to Contemporary Monasticism, trans. from the Russian by Archimandrite Lazarus, with an Introduction by Archimandrite Kallistos (Ware), Jordanville, N.Y.: Holy Trinity Monastery, 1997.

Makari van Optina Poestin (1788-1860)

Russian Letters of Direction 1834-1860, Selection, Translation, and Foreword by Iulia de Beausobre, St. Vladimir's Seminary Press, 1975.

Seraphim van Sarov (1759-1833)

Saint Seraphim of Sarov, *Spiritual Instructions*, in Part I, *Little Russian Philokalia*, (Volume I), New Valaam Monastery, Alaska, 1996.

The Acquisition of the Holy Spirit, in Part II, *Little Russian*

Philokalia, (Volume I), New Valaam Monastery, Alaska, 1996.

J. Beausobre, *Flame in the Snow*, London, n.d. [1945].

I. Gorainoff, *Serafim van Sarov*, uit het Frans vert. door A. Beekman, O.S.B. (Egmond) en P. Sigfried, O.S.B. (Oosterhout), (Monastieke cahiers; 3), 2de druk, Bonheiden, 1981.

Tichon van Zadonsk (1724-1783)

Fr. G. D. Lardas (trans.), *Journey to Heaven, Counsels On the Particular Duties of Every Christian, by Our Father Among the Saints Tikhon of Zadonsk Bishop of Voronezh and Elets*, second printing, Jordanville, N.Y., Holy Trinity Monastery, 1994. [based on the Russian compilation: *Counsels on the Particular Duties of Every Christian,* by St. Tikhon of Zadonsk, Bishop of Voronezh and Elets, 43rd edition, Moscow: at the Synodal Typographia, 1863 (an Anthology of all the works of St. Tikhon published under this title by The Holy Synod of the Russian Church)].

Païsi Velichkovski (1722-1794)

Païsi Velichkovski (ed./vert.), etc. [Philokalia edited and translated into Slavonic], t. 1-2, Moskva, 1793-1997. [2nd ed.: Moskva, 1822; repr.] .

Schema-monk Metrophanes [of Niamets Monastery], *Blessed Paisius Velichkovsky. The Life and Ascetic Labors of Our Father, Elder Paisius, Archimandrite of the Holy Moldavian Monasteries of Niamets and Sekoul. Optina Version*, trans. by Father Seraphim (Rose), Platina, California, 1976.

The Scroll. Containing Six Chapters on Mental Prayer, in Part I, *Little Russian Philokalia*, (Volume IV), New Valaam Monastery, Alaska, 1994.

Field Flowers or Lilies of the Field Gathered from the Divine Scripture, Concerning God's Commandments and the Holy Virtues, trans. by Fr. Seraphim Rose and Olga Oleinikov, in

Part II, *Little Russian Philokalia*, (Volume IV), New Valaam Monastery, Alaska, 1994.

The Instruction of Elder Paisius for the Tonsure to the Monastic Order, in Part III, *Little Russian Philokalia*, (Volume IV), New Valaam Monastery, Alaska, 1994.

The Instruction of Elder Paisius That Monks Should Not Eat Meat, in Part I, *Little Russian Philokalia*, (Volume IV), New Valaam Monastery, Alaska, 1994.

Nil Sorski (1433-1508)

The Monastic Rule (Ustav), in *The Complete Writings*, Ed. and trans. G.A. Maloney, New York, Mahwah, 2003.

De Heilige Nil Sorski (1433-1508). Leven – Geschriften – Skite, vert. Zuster Sophia M. Jacamon osb, (Monastieke Cahiers, 36), Bonheiden, 1990.

Algemene inleiding op de Russische vaders en startsi

De grote inleidende werken op de Russische ascetisch-spirituele literatuur, zoals het tweedelige werk van Philaret Gumilevsky, [Survey on Russian Spiritual Literature], t. 1-2, Charkov, 1859 [3rd edition, St. Petersburg, 1884; repr. Oxford, 1984]; het volumineuze werk in het Russisch van Nikodim van Belgorod, als volume 15 (Moscow: St. Panteleimon, Mount Athos, 1913) bij het serie-werk waar Nikodim of Belgorod editor van was: *Russian Ascetics of the 18th and 19th Centuries,* 14 vols., Moscow: St. Panteleimon Monastery at Athos, 1903-1916; en G. Fedotov, *Saints of Ancient Russia* [in Russ.], Paris, 1931, en vele andere patrologische handboeken en overzichtswerken betreffende de Russische vaders, werden - voorzover we konden nagaan - niet vertaald. Uit het Russisch vertaald werd wel *Ways of Russian Theology* van G. Florovsky (, Paris, 1937), trans. by R.L. Nichols, in 2 vols., Belmont, Mass., 1979; Vaduz, 1987 [*The Collected Works*, vols.V-VI], een diepgaand, gedetailleerd en uitvoerig gedocumenteerd overzicht van de Russische Theologie door de eeuwen heen (tot aan het begin van de 20st eeuw). Dit boek is fundamenteel.

Bruikbaar zijn ook de volgende boeken.

I. Smolitsch, *Leven en Leer van de Startsi. De Weg naar het Volmaakte Leven*, (Monastieke Cahiers, 44), Bonheiden, 1994. [Vert. uit het Duits]

I.M. Kontzevitch, *The Acquisition of the Holy Spirit in Ancient Russia*, trans. from the Russian by O. Koshansky, Platina, Cal., 1988. [Vert. uit het Russisch]

S. Bolshakoff, *Russian Mystics*, (Cistercian Publications), Kalamazoo, Mich., 1980. [Vert. uit het Russisch]

G. Fedotov, *A Treasury of Russian Spirituality*, New York, 1948.

INDEX

VAN CITATEN UIT EN VERWIJZINGEN NAAR DE HEILIGE SCHRIFT

De schrijver is uiterst spaarzaam geweest met bronvermelding van schriftpassages. Dat is ongetwijfeld gedaan om de aandacht niet van de inhoud af te leiden, of om zijn betoog niet onnodig te verzwaren met referenties. Toch dacht de uitgever een dienst te bewijzen aan de niet in de Schrift ingewijde lezers, door in voetnoten wel uitdrukkelijk melding te maken van de aangevoerde bijbelse bronnen. Een grondige kennis van de Schrift wordt namelijk verondersteld in dit boekje en dat is ook in overeenstemming met de traditie van de vaders waar de schrijver uit voortkwam: de fundering van de gebedspraktijk in de Schrift. De index biedt tevens kort de inhoud (thema) van de genoemde Schriftplaatsen.

Nieuwe TestamentThemaPag.

Matt. 1, 1-17 Boek van het geslacht van Jezus Christus

Matt. 3, 16 Hij zag de Geest Gods nederdalen gelijk een duif

Matt. 5, 3 De bergrede: zalig zijn de armen van geest

Matt. 8, 5-13 De honderdman en de genezing van zijn knecht

INDEX

Matt. 9, 27 Gij Zoon van David, ontferm u over ons

Matt. 13, 1-23 Gelijkenis van de zaaier

Matt. 16, 24 Wie Christus wil volgen verloochene zichzelf

Matt. 19, 16-23 De vraag van de rijke jongeling omtrent het eeuwige

leven

Matt. 20, 29-34 Genezing van twee blinden aan de kant van de weg

naar Jericho

Matt. 22, 37 Het eerste en grote gebod: de liefde tot God en

de naaste

Mark. 1, 10 En zag de Geest, gelijk een duif, op hem neerdalen

Mark. 4, 1-20 Gelijkenis van de zaaier

Mark. 9, 5-6 De gedaanteverandering van Christus op de berg

en de drie tenten

Mark. 10, 46-52 Genezing van Bartimeüs de blinde man te Jericho

Luk. 3, 22 De H. Geest daalde op hem neer gelijk een duif

Luk. 3, 23-38 Geslachtsregister van Jezus Christus

Luk. 5, 8 Simon Petrus en de wonderbare visvangst

Luk. 8, 4-15 Gelijkenis van de zaaier

Luk. 10, 25-37 Gelijkenis van de Barmhartige Samaritaan

Luk. 15, 11-32 Gelijkenis van de Verloren Zoon

Luk. 17, 21 Het Koningkrijk Gods is binnen in u

Luk. 18, 9-14 De gelijkenis van de Farizeër en de tollenaar

Luk. 18, 13 O God, wees mij zondaar genadig

INDEX

Luk. 18, 35-43 Genezing van een blinde aan de kant van de weg
naar Jericho

Joh. 1, 32 Ik heb de Geest zien nederdalen uit de hemel gelijk
een duif

Joh. 14, 15 Wie Mij liefheeft zal mijn geboden onderhouden

Joh. 8, 2-11 Het oordeel over de overspelige vrouw

Joh. 10, 9 Ik ben de deur

Joh. 4. 23-24 De Vader aanbidden in geest en in waarheid

1 Kor. 12,3 Niemand kan zeggen dat Jezus Heer is tenzij door de H. Geest

2 Kor. 12, 9 Mijn kracht wordt openbaar in zwakheid

2 Kor. 12, 10 Mijn kracht wordt openbaar in zwakheid

Phil. 2, 10 Opdat in de Naam van Jezus zich zou buigen alle knie

Kol. 2, 12 Met Hem begraven in de doop, ook met Hem opgewekt zijnde

1 Tim. 6, 15 Koning der koningen en Heer der heren

1 Tim. 6, 16 God die geen mens gezien heeft noch zien kan

Hebr. 10, 31 Vreselijk is het te vallen in de handen van de levende God

Hebr. 12, 29 God is een verterend vuur

2 Petr. 1, 4 De goddelijke natuur deelachtig worden

Openb. 1, 6 En die ons gemaakt heeft tot koningen en priesters van God

Openb. 2, 17 Ik zal hem geven een witten keursteen met een nieuwe naam

Openb. 3, 20 Zie, Ik sta sta aan de deur, en Ik klop

Openb. 15, 3 Rechtvaardig en waarachtig zijn Uw wegen

INDEX

Oude Testament

Gen. 8, 11 Een afgebroken olijftak was in haar bek

Ex. 19, 6 Een priesterlijk koninkrijk en een heilig volk

Ex. 19, 21 Dat zij niet doorbreken tot de Heer en velen van hen vallen

Ex. 20, 19 Dat God met ons niet spreke opdat wij niet sterven

Ex. 24, 17 Het aanschijn van de Heer was als een verterend vuur

Deut. 4, 24 God is een verterend vuur een ijverig God

Deut. 4, 33 De stem van God sprekende uit het midden des vuurs

Deut. 9, 3 God een verterend vuur

Ps. 43, 4 Tot de God der blijdschap mijner verheuging

Ps. 118, 24 Verheug u over de dag die de Heer gemaakt heeft

NOTES

1. DE AFWEZIGHEID VAN GOD

1. Exod. 19, 21; 20, 19; 24, 17; Deut. 4, 24; 4, 33; 9, 3; 1 Tim. 6, 15-16; Hebr. 10, 31; 12, 29.
2. Joh. 8, 2-11.
3. Matt. 8, 5-13.
4. Luk. 5, 8.
5. 1 Tim. 6, 15.
6. Matt. 19, 16-23.
7. Luk. 18, 9-14.
8. 1 Kor. 12, 9; 12, 10.
9. Matt. 13, 1-23; Mark. 4, 1-20; Luk. 8, 4-15.
10. Joh. 10, 9.

2. KLOPPEN AAN DE DEUR

1. Matt. 5, 3: 'Zalig zijn de armen van geest; want aan hen is het Koninkrijk der hemelen'; Luk. 6, 20: 'Zalig zijt gij, armen, want van u is het Koninkrijk Gods'.
2. Luk. 17, 20-21: 'Het Koninkrijk Gods komt niet met uiterlijk gelaat. En men zal niet zeggen: Ziet hier, of ziet daar, want, ziet, het Koninkrijk Gods is binnen ulieden'.

3. NAAR BINNEN GAAN

1. Vgl. Matt. 22, 37: 'Gij zult liefhebben de Heer uw God, met geheel uw hart, en met geheel uw ziel en met geheel uw verstand'.
2. Mark. 9, 5.
3. Mark. 9, 6.
4. Joh. 14, 15.
5. Vgl. Matt. 9, 27: 'Gij Zoon van David, ontferm u over ons' (de uitroep van de twee blinde mannen); en Luk. 18, 13: 'O God, wees mij zondaar genadig' (de nederige bede van de tollenaar).
6. 1 Kor. 12, 3.

NOTES

7. Joh. 4. 23-24.
8. Gen. 8, 11.
9. Matt. 3, 16; Mark. 1, 10; Luk. 3, 22; Joh. 1, 32.
10. Luk. 10, 25-37.
11. Openb. 1, 6: 'En die ons gemaakt heeft tot koningen en priesters Gode en Zijn Vader'. Daarin schuilt een duidelijk in het OT verankerde allusie, Ex. 19, 6: 'En gij zult Mij een priesterlijk koningkrijk, en een heilig volk zijn' (de roeping van het volk Israël). Zie ook 1 Petr. 2, 5: 'zo wordt gij ook zelven, als levende stenen gebouwd tot een geestelijk huis, tot een heilig priesterdom om geestelijke offeranden op te offeren, die Gode aangenaam zijn door Jezus Christus'.
12. 2 Petr. 1, 4: 'opdat gij door dezelve [Christus] der goddelijke natuur deelachtig zoudt worden... '.
13. Matt. 16, 24: 'Zo iemand achter mij wil komen, die verloochene zichzelf, en neme zijn kruis op, en volgt mij'.
14. Mk. 10, 46-52.
15. Voor parallellen van de versie van het Markus evangelie, zie Matt. 20, 29-34; Lk. 18, 35-43.
16. 1 Thess. 5, 17.
17. Het gebed staat in Matt. 6, 5-13 en in een wat verkorte vorm in Luk. 11, 1-4.
18. Ps. 118, 24.
19. Luk. 15, 11-32.
20. Matt. 5, 39.

4. HET BEHEREN VAN TIJD

1. Mark. 4, 35-41; Matt. 8, 18, 23-27; Luk. 8, 22-25.
2. Openb. 3, 20: 'Zie, Ik sta sta aan de deur, en Ik klop; indien iemand Mijn stem zal horen, en de deur opendoen, Ik zal tot hem inkomen, en Ik zal met hem het avondmaal houden, en hij met Mij'.

5. HET AANROEPEN VAN GOD

1. Matt. 1, 1-17; Luk. 3, 23-38.
2. Kol. 2, 12.
3. Openb. 2, 17.
4. Ps. 43, 4.
5. Phil. 2, 10: '...die in de hemel, en die op aarde, en die onder de aarde zijn'.
6. Openb. 15, 3.

NOTES

STARETS SILOUAN

1. Er is een boek over zijn leven verschenen: Archimandrite Sofrony, *The Undistorted Image* [Het Ongeschonden Beeld], trans. By Rosamary Edmunds, The Fath Press, 1958.

www.orthodoxlogos.com

www.ingramcontent.com/pod-product-compliance
Lightning Source LLC
Chambersburg PA
CBHW032039200426
43209CB00049B/27